培智学校劳动教育课程的设计与实施

顾　问：岑星源　徐金梅

编　著：莫金英

吉林大学出版社

·长　春·

图书在版编目（CIP）数据

培智学校劳动教育课程的设计与实施 / 莫金英编著.

长春 ：吉林大学出版社，2024. 9. -- ISBN 978-7-5768-
3807-7

Ⅰ．G764

中国国家版本馆CIP数据核字第202444GC03号

书　　名：培智学校劳动教育课程的设计与实施
PEIZHI XUEXIAO LAODONG JIAOYU KECHENG DE SHEJI YU SHISHI

作　　者：莫金英
策划编辑：李承章
责任编辑：白　羽
责任校对：赵　莹
装帧设计：刘　丹
出版发行：吉林大学出版社
社　　址：长春市人民大街4059号
邮政编码：130021
发行电话：0431-89580036/58
网　　址：http://www.jlup.com.cn
电子邮箱：jldxcbs@sina.com
印　　刷：杭州五象印务有限公司
开　　本：787mm×1092mm　1/16
印　　张：12.25
字　　数：200千字
版　　次：2025年1月　第1版
印　　次：2025年1月　第1次
书　　号：ISBN 978-7-5768-3807-7
定　　价：65.00元

前　言

党的二十大报告提出"强化特殊教育普惠发展"，充分体现党中央对教育、对特殊教育的高度重视。我们要深入学习贯彻党的二十大精神，把"强化特殊教育普惠发展"落到实处，让特殊儿童在春风化雨般的关怀下得到培养和发展，为日后融入社会打下良好的基础。

劳动教育是发挥劳动育人价值的教育实践，是促进学生成长的必要方式。培智学校教育的目的是让中、重度智力障碍的儿童从掌握基本的生活技能，到逐步学会自理、自立、自强，最终能够过上半独立或独立，且有品质和有尊严的生活。

生活处处需要劳动，培智学校更加需要开展劳动教育。培智学校要坚持劳动教育生活化，从学生的基本生活技能入手，把劳动教育融入学生的生活日常。培智学校应坚持全域播撒劳动的种子，真正让劳动教育理念在培智学生的心田扎根、生长和开花。因此，开设适合培智学生成长需要的劳动教育课程刻不容缓。

近年来，我校在全面实施国家课程的基础上对培智学校劳动教育进行了全面的探索。在积极探索的基础上坚持国家课标引领，根据学生日后回归生活的实际需要，利用当地的劳动教育资源，开发有地方特色的劳动教育课程。在德庆县教育局党组的领导和支持下，我们以承担广东省特殊教育精品课程"回归生活 劳技活动"建设项目和省级课题研究为契机，在以往研究者对培智学校劳动教育课程设计与实施等研究成果的基础上，以培智学校义务教育劳动教育课程标准为依据，强化学生核心素养，以适应培智学生生命成长需要为主线，理论结合实践，列举大量案例说明，从课程概述、理论解读 、顶层设计、课程目标、课程内容、课程资源、课程实施、课程评价几个方面对培智学校劳动教育的设计与实施进行了编制，是肇庆市德庆县启智示范学校开展劳动教育的一些质朴的实践和思索。

在本书编著过程中，感谢本书顾问肇庆市德庆县教育局岑星源副局长和肇庆市德庆县启智示范学校徐金梅校长对本书的策划指导，感谢广东省特殊儿童发展与教育重点实验室常务副主任、博士生导师郑剑虹教授，广东省特殊儿童发展与教育重点实验室副主任、博士生导师李清华教授，华南师范大学李闻戈教授的悉心指导，在此致以诚挚的感谢！

感谢以下老师对本书的编著提供了帮助，其中陈楚、白洁梅、叶秀萍、邱育梅、何绍仪、张素芬、黄颖颖、田堰慧老师提供了大量案例，共35千字，严旭露、陈楚、潘思敏老师协助全书文稿校对工作，梁明理、余梓欣、刘雅玲、严伟玲、冯金爱、黄辉杨老师为本书的编著提供了建议和意见，对本书顺利出版做出了贡献，在此一并表示感谢。

本书是广东省特殊教育精品课程"回归生活 劳技活动"（立项编号2022tsjyjpkc17）建设项目的成果之一，也是广东省教育科学规划2022年度中小学教师教育科研能力提升计划项目"生活教育视域下培智学校劳动教育校本课程实施策略研究"（课题编号2022YQJK345）的研究成果之一，是作者参加广东省中小学"百千万人才培养工程"特殊教育名教师培养对象的培养成果之一。

本书的编著得到吉林大学出版社的友情协助，在此表示由衷的感谢！最后，将最真挚的感谢致以全校师生和家长，正是他们的积极参与和支持给予我们极大的鼓舞，激励我们在探索劳动教育的道路上砥砺奋进。

莫金英

2023年12月于肇庆

目　录

第一章　劳动教育课程概述

劳动教育课程是实现立德树人的关键所在。劳动教育课程内容来源于生活，既发挥德育的综合育人价值，又强调知行合一和丰富的教育教学形式。本章围绕什么是劳动教育课程以及国内劳动教育课程研究现状进行具体阐述，为培智学校劳动教育课程的设计与实施提供新的生长点。

第一节　什么是劳动教育课程

劳动教育课程应立足学生的当前需求和未来需求，充分考虑学生的生活必要性和学习的可能性。劳动教育课程落实育人目标，引导学生提升自我服务，促进学生身心发展和实现自我价值。

一、劳动教育课程的概念

劳动教育是指使学生树立正确的劳动观点和劳动态度，热爱劳动和劳动人民，养成劳动习惯的教育，使学生德智体美劳全面发展的主要内容之一。劳动教育是教育者向受教育者施加的一种以劳动观念、劳动习惯、劳动技能为教育内容的活动。德育教育是对学生进行思想、政治、道德、法律和心理健康的教育，它是中等职业学校教育工作的重要组成部分，与智育、体育、美育等相互联系，彼此渗透，密切协调，对学生健康成长成才和学校工作具有重要的导向、动力和保证作用。两个及两个以上事物互相结合，并不相互抵触、牵制，而是各出所长，相互取长补短，获得更好的成果。培智学校劳动教育与德育教育有机融合，在一定的教学思想和理论指导下，从学生的发展出发，依据科学的教学策略，让学生在劳动教育活动中渗透德育教育，通过动手操作练习，充分展示自己的聪明才智，培养劳动能力，增强学习劳动的信心，使有限的劳动活动时间发挥最大效能，提高教和学的实际效益。

劳动教育课程旨在培养学生实践操作能力、劳动知识、技能及劳动素养以及劳动态度的一种教育教学活动。它以价值观为核心，旨在通过引导和组织学生参与实际的劳动活动，培养他们的动手能力、合作意识和责任感，使他们能够适应社会劳动需求，具备一定的劳动技能和素养。劳动教育课程包括国家课程、地方课程、校本课程三类。2023年5月，教育部印发教材〔2023〕2号文件《教育部关于加强中小学地方课程和校本课程建设与管理的意见》里面提到了三点，第一：中小学地方课程、校本课程是国家课程方案规定开设的课程，是基础教育课程体系的重要组成部分。第二：构建以国家课程为主体、地方课程和校本课程为重要拓展和有益补充的基础教育课程体系，增强课程适应性，实现课程全面育人、高质量育人。强调的是校本课程是课程体系的重要组成部分。第三：义务教育阶段学校要对有效实施国家课程、规范开设地方课程、合理开发校本课程等做出全面具体安排。不难看出，学校担负着构建促进学生全面而有个性发展的基础教育课程的重任。劳动教育课程强调具身体验过程，既注重学生的动手操作又注重学生的思想品德素养、价值观、思维方式等方面的培养。

劳动教育课程始终坚定立德树人方向。国内外大量的调查研究表明，童年时期形成良好的劳动习惯和观念，更有利于促进孩子成年后社会责任心的形成发展，也能让他们更好地适应工作岗位上的职业伦理要求[①]。劳动教育是落实学校育人目标的重要途径。《大中小学劳动教育指导纲要（试行）》提出涵盖正确的劳动观念、具有必备的劳动能力，培育积极的劳动精神，养成良好的劳动习惯和品质的劳动素养目标，明确劳动教育是"发挥劳动的育人功能，对学生进行热爱劳动、热爱劳动人民的教育活动"[②]。

在课程目标的设置上，劳动教育课程承担着落实立德树人根本任务的目

---

① 张智.深刻把握劳动精神的科学内涵和时代价值[N].中国青年报, 2021-09-23(3).

② 中华人民共和国教育部.大中小学劳动教育指导纲要（试行）[EB/OL].（2020-07-09）[2023-04-18].http://www.moe.gov.cn/srcsite/A26/jcj_kcjcgh/202007/t20200715_472808.html.

标，应注重劳动教育的育人价值，尊重学生的主体性和学生个人价值的实现，旨在让学生掌握基本的劳动素养、劳动习惯和劳动品质，为未来生活和成为"完整的人"做准备。[①]

2023年5月，教育部印发教材〔2023〕2号文件《教育部关于加强中小学地方课程和校本课程建设与管理的意见》，明确指出校本课程是基础教育课程体系的重要组成部分，义务教育阶段学校要对合理开发校本课程做出具体安排。加强劳动教育是新时代特殊教育落实立德树人根本任务的必然要求，是建设高质量特殊教育体系的客观要求，更是让特殊教育需要儿童过上品质生活的现实需求。[②]劳动教育课程促进学生个体全面发展，对社会的发展有着推动作用。

二、培智学校劳动教育课程

培智学校劳动教育课程要遵循国家教育方针，明确育人目标，以价值观塑造为课程核心，学校以党建活动带动思想道德建设，培养培智学生"扣好人生第一粒扣子"，激励培智学生养成乐观自信、积极向上的健康心理，培养培智学生良好的思想品德素养，形成助人为乐、积极向上、学习主动、积极参与小组劳动且具有良好劳动素养的个体全面发展的好品质。

《培智学校义务教育课程设置实验方案》指出：特殊教育学校义务教育阶段应该开设劳动技能课程，通过劳动教育帮助残疾人更好地融入周围的环境，积极地参与社会服务。劳动教育是我国学校教育的优秀传统，是素质教育中一个极其重要的方面，对培养学生劳动观念、磨炼意志品质、树立艰苦创业的精神以及促进学生多方面的发展具有重要作用。同时，在具体的劳动过程中，应该将德育教育融入其中，使学生树立良好的劳动观念，培养学生勤劳俭朴、节约利废的优良品质和团结协作的集体主义精神，为学生更深远的发展打好基础。智障学生中不爱劳动、不会劳动的现象较多，原因是多方面的，其中忽视劳动素质教育是一个重要原因。通过在劳动中进行思想政治和品德教育是

---

① 艾兴, 李佳. 新中国中小学劳动教育课程设置: 演变、特征与趋势[J]. 教育科学研究, 2020(1): 18-24.
② 俞林亚. 加强新时代劳动教育, 积极构建培智学校劳动育人新体系[J]. 现代特殊教育, 2022(4): 56-58.

我国教育的优良传统。教师正确探索如何使学生获得系统的知识，提高学生对知识的领悟和掌握能力，促进学生思想品德和劳动能力的培养。也为更好地落实《义务教育劳动课程标准》，实施素质教育。在劳动过程中逐步渗透德育，具有行知合一的最佳效果，与陶行知先生所提倡的"人之成德乃在于力行"的主张相符。毫无疑问，将品德教育融入劳动教育是培养一代新人的一条重要途径，可见，劳动课渗透德育教育的重要性。作为教师，应该充分认识这种独特而全面的功效，并有意识地强化。

通过劳动实践，探索不同教学内容的重难点，安排合适的劳动技能训练，从而使课堂的教学能真正有效地促进学生的发展。改进陈旧的劳动教育模式，探索新的劳动教育教学方法，在劳动教育中渗透德育教育，提高教学的效果。转变教师的教学观念，正确认识劳动教育与德育教育有机融合能对学生产生积极的作用，使教师建立效率意识，从而提高教学质量。

1958年9月，中共中央、国务院在《关于教育工作的指示》中提出的"教育与生产劳动相结合"这一教育方针则标志着立新的"劳动育人"走进了新时代，其理论初心与教育本质均指向于教育方针关于"实践育人""全面育人"的要求。学校应从实际出发，通过有效的训练，使学生形成良好的劳动观念，掌握基本的劳动技能。将看似"高、大、上"的劳动教育课程从"低、细、实"的落脚深入学生的生活日常，为学生日后能够过上有品质的生活做好铺垫。要培养劳动精神、锻炼劳动能力，还需要挖掘其他课程中的劳动元素，形成综合活动内容。在学科教学中，可进一步将学科知识教学转化为劳动学习内容，增加学科课程的劳动实践性[①]。

三、劳动教育课程建设原则

（一）人本性原则

劳动教育课程开设应注重人本性原则。人本课程观把促进学生全面发展作为课程建设中心，以人为本，尊重学生的个体差异和个体需求，满足不同层次学生的需求。

---

① 余文森，殷世东. 新时代中小学劳动教育的内涵、类型与实施策略[J]. 全球教育展望，2020（10）：92-101.

（二）整体性原则

劳动教育课程开设要注重整体性原则。整体课程观整体上对课程进行目标和结构的把控，开设不同形式的活动课程和课程资源，从整体上看，课程的开设对学生的身心成长都起到应有的促进作用。

（三）发展性原则

劳动教育课程开设要遵循发展性原则。学校课程开发的发展性原则应发挥它的最大价值，能够促进学生养成劳动素养、掌握劳动技能，能够成为自食其力的自力者，能够促进教师专业成长，能够提高学校的办学水平，能够促进社会良好发展。学校应该根据实际出发，充分挖掘学校周边有利资源，开发具有本土特色且能促进学生发展的劳动教育特色课程。

（四）科学性原则

劳动教育课程开设要坚持科学性原则。学校应当崇尚科学、掌握科学发展规律，从学生的实际出发，以实事求是的态度、务实作为的担当精神来解决劳动课程开设过程中遇到的难点、痛点问题，以扎实细腻的工作作风来开展劳动教育活动。

第二节 国内劳动教育课程研究现状

国内外大量的调查研究都证明，童年时期形成良好的劳动习惯和观念，更有利于促进孩子成年后社会责任心的形成发展，也能让他们更好地适应工作岗位上的职业伦理要求。①劳动教育课程的设计与实施应充分考虑劳动教育的协同性、实效性和价值性，充分发挥劳动教育课程育人功能，有效抓落实。劳动教育课程是一项系统活动，既需要理论的指导又需要扎实地开展活动。有学者指出，学校要强化课程的顶层设计，做好课程内容建设布局。明确劳动教育课程的教育目标，积极做好各年段的衔接，又要有教育保障。学校需要定期组织各学段的家长培训，转变家长重文化知识学习轻劳动技能训练的传统教育观念，请家长走进学校，走进劳动教育课堂，让家长观摩孩子们的劳动教育课，

---

① 张智. 深刻把握劳动精神的科学内涵和时代价值［N］. 中国青年报，2021-09-23（3）.

并指导家长在家中巩固训练孩子在学校学习的劳动技能，养成劳动习惯，形成家校合力。[①]

一、开展劳动教育的意义

（一）有效促进学生劳动素养的形成

学校开展劳动教育有助于促进学生形成劳动素养。开展劳动教育，让学生亲身体验劳动的艰辛，让学生动脑、动手、身体流汗，甚至通过无数次的亲身劳动体验才能获得一项劳动技能，让学生体会到劳动成果的来之不易，促使学生形成良好的劳动态度和劳动习惯，磨炼学生的劳动意志，提升劳动意识，从而在潜移默化中学生形成自强、自立、自信的良好品质。

（二）有效促进学生综合实践能力的提升

学校开展劳动教育能够有效促进学生综合实践能力的提升。在劳动教育中锻炼学生的手眼协调能力、辨别能力，在参与劳动教育活动的过程中锻炼学生的语言表达能力和对文字的理解能力以及计算能力，提升学生的思维能力。

（三）有效促进学生身心健康的发展

劳动教育的开展有效锻炼学生的粗大动作和精细动作，促进手眼协调。劳动需要动手、动脑，学生通过长期的劳动，学会手脑并用，提升感统协调性，更有助于锻炼大脑，促进身心健康的发展。

（四）有效促进学生日后更好地融入社会

劳动教育有效促进学生日后更好地融入社会。通过劳动教育，掌握一技之长，形成独立或半独立的生活能力，为日后更好地回归社会打下坚实基础。

二、国内劳动教育课程研究状况

在国内关于中小学劳动教育课程构建的研究中，发现研究者多数采取文献分析、访谈、问卷调查和个案研究等方法。在研究内容方面，举例分析价值或从学校现有的条件出发，分析取得的成效研究。从劳动教育课程顶层设计来

---

① 孙云晓. 养成劳动习惯为美好生活奠基[N]. 光明日报，2020-03-27(11).

看，由于"我国学校劳动教育的发展较为缓慢，课程建设经验匮乏"①，"大多数小学劳动教育课程在模式方面还处在摸着石头过河的一个阶段"②，在国内劳动教育课程构建中，普遍存在一定的目标偏差，劳动教育课程的内容单一、教学组织随意性较强、教学方式过于简单，教学评价效果不明显等现象，同时学校的劳动教育课程体系也需要进一步完善，调查显示，"有 15.8% 的学校没有建设相关的，规范的劳动教育课程体系"③。

2016年教育部正式颁布《培智学校义务教育课程标准（2016年版）》，并明确要求"积极引导学校推进教学评价改革，关注过程、着眼发展、尊重差异、多元评价，充分发挥评价在改进特殊教育教学、促进残疾学生发展中的积极作用"。乘着新课标颁布的春风，培智学校更加注重探索对特殊学生的多元教育教学策略和模式。在众多的教学策略中，劳动教育与德育教育因其多样的内容安排，灵活的情节设置、丰富的情感表达及充分的同伴互动等特点，逐渐进入特教工作者的视线。

特殊教育领域劳动教育与德育教育研究的需要。国内外有关培智学校劳动教育与德育教育相结合的研究策略、课程开发的研究相对较少，国内尚处于探索阶段，暂无完整的劳动教育与德育教育结合的课程。因此培智学校劳动教育与德育教育的教学实践参考与教学效果的问题都成为劳动教育一线教学推进和发展的阻碍。

通过查阅文献，现对近年来国内劳动教育课程研究现状作如下归纳：

（一）在培养学生劳动技能方面的研究

研究者采取构建劳动教育课程培养学生的技能，让他们动手、动脑，身体流汗，提高学生实际操作能力，这些研究包括劳动教育课程的开发，课程的定位、课程的理念、课程的大纲研制、课程的内容、课程的实施、课程的评价研究等。

---

① 徐长发. 新时代劳动教育再发展的逻辑 [J]. 教育研究, 2018（11）: 12–17.

② 李金滢. 我国小学劳动教育课程研究综述 [J]. 智力, 2020（19）: 153–154.

③ 宁本涛, 孙会平, 吴海萍. 我国中小学劳动教育的认知差异及协同对策——基于六省市的实证分析 [J]. 教育科学, 2020（5）: 11–18.

（二）在培养学生劳动态度方面的研究

如何通过有效的教育理念、教学方法和教学措施、评价工具促使学生对劳动教育课程产生兴趣，从而形成良好的劳动教育态度，使学生积极参与各种劳动教育活动，主动与他人合作，形成自主创新的能力。

（三）在劳动教育课程设计与实施方面的研究

依托"五育并举"，推动劳动教育课程的有效落地，深入探讨课程目标的确立、教学内容的界定、教材的编制、教法的运用、教学评估的推进。

（四）在教师专业发展方面的研究

研究如何通过实施劳动教育课程，引导教师开展好劳动教育活动、上好每一节劳动教育课，通过各种渠道的学习提升老师的劳动教育理论和各方面的能力。注重劳动教育课程方面的培训、劳动教育教师团队的建设、劳动教育教师专业成长的研究。

三、学校开展劳动教育存在的问题

新时代劳动必须着重培养学生的劳动素养。[1]劳动素养是劳动教育的核心，也是学生全面发展的根本所在。[2]有效教学的理念，劳动教育教学就其本体功能而言，是有目的地发掘人的潜能，促使人身心发展的一种有效的实践活动。有效教学的理念主要体现在三个方面：一是促进学生的学习和发展是有效的根本目的，也是衡量教学有效性的唯一标准。二是激发和调动学生学习的主动性、积极性和自觉性是有效教学的出发点和基础。三是提供和创设适宜的教学条件，促使学生形成有效的学习习惯是有效教学的实质和核心。

（一）教师对劳动教育认识不够全面

有的教师对劳动教育认识不够，认为劳动教育在学校很难开展，学生没有兴趣学，认为教不会学生，失去开展劳动教育的信心。另一方面是觉得劳动教育需要用刀、剪、炉灶、电动工具之类的，操作起来既麻烦又有安全隐患，没有信心去教学生使用。还有的教师认为，只要学好文化课就可以了，劳动教

---

① 张志勇，杨玉春. 深刻认识新时代劳动教育的新思想与新论断 [J]. 中国教育学刊，2020（4）：1–4+61.

② 龚春燕，魏文锋，程艳霞. 劳动素养：新时代人才必备素养 [J]. 中小学管理，2020（4）：9–11.

育是"次课"，学不学都不重要。

（二）学校的劳动教育设备设施不完善

劳动教育注重在教育教学过程中使学生获得直接经验，这对学校提出很大的挑战，要求学校要有充足的劳动教育场地和劳动教育设施，有专门的劳动教育教师，在课程安排上有专门的劳动教育课，专课专用。目前，仍有许多学校没有充足的劳动教育场所和专职的劳动教育教师。

（三）家长对劳动教育的观念还没有转变

许多家长劳动教育教学观念陈旧，溺爱孩子，对学生的个人劳动家长全部包办，不让孩子去参与，变相剥夺孩子参与家庭劳动、社区劳动等机会。这就要求家长鼓励孩子动口、动手、动脑，持之以恒坚持劳动，形成良好的劳动素养。

（四）劳动教育评价体系不完善

目前还没有形成劳动教育评价体系，劳动教育教学课堂比较随意，各个年级段没有明确的劳动教育评价标准，制约着劳动教育教学的成效性。

随着国家教育事业的蓬勃发展，近年来一些青少年中出现了不珍惜劳动成果、不想劳动、不会劳动的现象，劳动的独特育人价值在一定程度上被忽视，劳动教育正被淡化、弱化。[1]劳动教育是我国学校教育的优秀传统，是素质教育中一个极其重要的方面，对培养学生劳动观念、磨炼意志品质、树立艰苦创业的精神以及促进学生多方面的发展具有重要作用。

四、开展劳动教育的途径

要培养劳动精神、锻炼劳动能力，还需要挖掘其他课程中的劳动元素，形成综合活动内容。在学科教学中，可进一步将学科知识教学转化为劳动学习内容，增加学科课程的劳动实践性。[2]学生中不爱劳动、不会劳动的现象较多，原因是多方面的，其中忽视劳动素质教育是一个重要原因。通过在劳动中

---

[1] 中共中央国务院关于全面加强新时代大中小学劳动教育的意见[EB/OL].（2020-03-26）[2023-11-25]. https://www.gov.cn/zhenca/2020-03/26/content_5495977.htm.

[2] 余文森，殷世东. 新时代中小学劳动教育的内涵、类型与实施策略[J]. 全球教育展望，（2020）10：92-101.

进行思想政治和品德教育是我国教育的优良传统。开展劳动教育的途径是多样的，常见的有以下几种：

（一）转变教育观念，提升劳动教育的地位

学校管理者和教育者要转变教育教学观念，加大教育宣传，充分认识劳动教育对学生成长的作用和对学生未来生活的影响，把劳动教育纳入学校的重要课程。劳动教育具有社会性，与人类社会共始终。学生要走出学校适应社会，就免不了与社会各类人群交往，具备良好的品德是必不可少的。因此学校、家庭、社会应形成合力，提升劳动教育的地位，在具体的劳动过程中，使学生树立良好的劳动观念，培养学生勤劳俭朴、节约利废的优良品质和团结协作的集体主义精神，形成良好的品德，为学生更深远的发展打好基础。

（二）完善设施，提供保障

在学校教学场地建设中，在相应的条件基础上，确保劳动教育场地的开设，有充足的劳动教育教学设施，根据各年段的劳动教育内容，设计自我服务劳动场室、家务劳动场室、简单生产劳动场所、参与社会劳动的场所，保障每周有足够的课时，配备足够的劳动教育教师，在劳动教育教学活动的开展中，各学科要通力合作，能够让劳动教育教学活动如期进行，取得较好的教育教学成效。

（三）家校共育，提升育人成效

学生获得劳动技能需要经过反复实践训练，家庭和学校需要密切配合。学校定期举办家长培训，以正面的例子引导家长，转变家长的教育观念，家庭与学校共同教育学生，通过系列劳动教育教学活动，让学生掌握一技之长，学会做人、学会学习、学会生活、学会服务、学会创造。培养学生热爱祖国、热爱劳动、热爱集体，做文明礼貌、遵纪守法的新时代好少年。

（四）制定评价标准，形成体系

培智学校劳动课程教学的评价标准与体系是为了确保教学质量，提高学生劳动技能和生活自理能力而设立的。制定培智学校劳动课程教学的评价标准与体系是为了更好地指导学生学习劳动技能和提高生活自理能力。通过明确教学目标、制定评价标准和构建评价体系，可以确保评价的准确性和有效性。同时，实施与调整也是确保评价体系持续发挥作用的关键环节。评价的标准应包

括：技能掌握程度、劳动态度、创新能力、团队合作能力等。

①多元化评价：结合教师评价、家长评价等多种方式，全面评价学生的劳动表现。

②过程性评价：关注学生在劳动过程中的表现，而非仅关注结果。记录学生在劳动课程中的学习过程和成长变化，以便及时调整教学策略。

③阶段性评价：定期对学生的劳动技能、劳动态度等方面进行评价，以便及时了解学生的学习状况，为后续教学提供依据。

总之，国内劳动教育课程研究十分注重关注学生的实践能力、劳动技能和劳动态度的培养。注重学校课程的融合，提出更具创新性和实效性的教学模式和方法。

第二章　培智学校劳动教育课程的理论解读

劳动教育是全面育人体系的重要环节。随着融合教育的逐步推进，培智学校劳动教育课程面临的困难越来越多，那么如何通过培智学校劳动教育课程的学习，提升培智学生的劳动素养，是培智学校劳动教育当前面临的突出问题。全面贯彻党的教育方针，抓好培智学校劳动教育，成为当前和今后培智学校劳动教育的重要工作任务。本章从培智学校劳动教育课程的价值定位、培智学校劳动教育课程的内涵解读来理解培智学校劳动教育课程的理论，为培智学校开展劳动教育提供参考。

第一节　培智学校劳动教育课程的价值定位

劳动教育不仅是指体力劳动和脑力劳动，更多的是为了促进学生身心协调统一、整体发展。2020年7月，教育部印发了《大中小学劳动教育指导纲要（试行）》，具体阐述了劳动教育的性质、理念、目标、内容、途径、关键环节、评价、规划实施、保障支持等内容，劳动教育的实施重点是在系统之外的文化知识学习之外，有目的、有计划地组织学生参加日常生活劳动、生产劳动和服务性劳动，让学生动手实践、出力流汗，接受锻炼、磨炼意志，培养学生正确劳动价值观和良好劳动品质。劳动教育在五育中起着奠基作用，可以影响学生的劳动教育价值观，促进学生的全面发展。

一、以劳树德，顺应时代发展

以劳树德应把立德树人落实到培智学校劳动教育中，通过劳动教育的开展培养学生良好的道德品质和拥有正确的劳动教育观念。新时代的劳动教育课程应该让学生掌握最新的劳动教育资讯，顺应时代发展，正确培养学生形成良好的思想品德修养，使其拥有良好的劳动意识、劳动观念、劳动意识、劳动习惯。应正确认识到劳动教育对学生日后生活的重要性以及对自身发展的促进作用，让学生通过参与劳动深挖劳动教育的内涵与属性，使学生形成正确的劳动教育价值观，为学生的美好发展奠定基础。

为充分发挥课程育人的价值，培智学校劳动教育应把"劳动"和"教育"巧妙结合，帮助学生建立正确的劳动价值观和良好的劳动品质，注重培养正确的劳动价值观。以丰富的劳动教育课程内容为基石，以主题班会和学生劳动教育活动为载体，引导学生动手、动脑、动口、动身、流汗，正确使用劳动工具，获得劳动体验，弘扬劳动精神，形成良好的劳动品质，顺应时代发展趋势。

劳动教育是树立良好道德品质的重要载体。培智学校劳动教育课程能促进学生个体全面发展，使学生在日常生活中做到热爱劳动、尊重劳动，培养乐于助人、我为人人的美好品质。例如，在校内开展的"我劳动，我快乐"劳动教育活动，体现了学校的教育特色，有机地将劳动教育融入学校生活，让学生掌握劳动技能，减轻家庭负担，增进家长与孩子、老师与学生之间的感情。为培养智障儿童劳动能力，使他们自理自立、自信自强，更好地适应家庭和社会，活动内容设计有"低年级组整理书包比赛""中年级组叠校服比赛""高年级组叠床单比赛""班级劳技趣味比赛"，中间还穿插抽奖环节，增强了学生的劳动技能，使其感受到劳动带来的快乐，提高了学生劳动兴趣，营造了劳动氛围。进一步加强了师生之间的沟通交流，给每个学生提供展现自我才能的机会。同时，老师也应善于发现每个学生的优点，注重对学生各种才能的培养，增强学生的自信心。

二、以劳增智，注重能力培养

在劳动教育过程中注重引导学生的体力劳动与脑力劳动相结合，通过劳动教育实践活动的开展，提升学生的手眼协调能力和劳动实践操作能力，促进学生思维能力的提升，能够使学生在真实的环境中，将所学知识和技能运用到生活中，能够处理生活中遇到的各种问题和困难，能够为自己的生活服务。培智学校劳动教育课程应与学生的日常生活相结合，注重从学生的实际能力出发和日后生活的实际需要出发，将劳动教育课程教材的内容生活化，开发具有本土特色的劳动教育课程。

培智学生劳动的创造性贯穿到劳动教育的始终，培智学生的智慧和思维能力在劳动教育活动中得以发展。劳动教育是一种实践活动，学校要善于利用学校周边的劳动教育资源，观察学生在参与劳动教育过程中的一举一动，把握教育契机，赋能学生思维发展，注重培智学生综合能力的培养。例如，在劳动技能操作室开展劳动烹饪课的时候，培养学生的动手操作能力，对学生进行劳动安全教育，引导学生树立安全意识；到社区开展"学雷锋志愿服务劳动"时，培养学生融入社会的能力，对学生进行核心价值观教育，让学生体会在社会中的价值作用；在母亲节和妈妈进行一天的居家劳动角色互换时，培养学生的责任心，对学生进行感恩教育，让学生体会到父母的艰辛，学会体谅父母，珍惜劳动成果。

三、以劳健体，增强身体素质

劳动和体育是以育人为目的的两种实践活动。劳动教育以"劳动"为主，通过劳动教育使学生获得劳动知识和劳动技能，从而培养学生的劳动价值观。体育教育以"体"为主，通过对学生开展体育锻炼活动，全面提升学生的身体素质，两者都是为了促进学生身心健康全面发展。在培智学校的体育教学中融入劳动教育，既对培智学生进行劳动改造，又能提升培智学生的身体素养。

以劳健体，扩大培智学生体育教学的活动领域。例如，在学校课余时间进行校内劳动，擦窗户、倒垃圾，帮班主任搬东西等，有效增强班级的凝聚力，又锻炼了学生的身体。在家帮忙做家务，扫地、晾衣服、拖地、收拾碗筷等，既拉近亲子关系，培养学生的责任意识，又让学生的身体得到锻炼。如每年3月"雷锋月"，可通过开展"未成年人学雷锋志愿活动"，营造浓厚氛围，进一步弘扬雷锋精神和"奉献、友爱、互助、进步"的志愿服务精神，引导广大学生在奉献中体现作为，在付出中提升境界，在实践中传播文明，在行动中促进和谐，积极弘扬雷锋精神，促进道德素质和社会文明程度的不断提高。在开展端午节、中秋节、重阳节等传统节日与劳动教育融合的实践劳动，可以增进学生对优秀传统文化的认识，同时也大大地加深了学生对民族文化的认识，有效推进学生思想道德建设，使学生受到深刻教育，通过劳动，全面提升培智学生的身体素质，使这些活动真正成为提升学校办学水平和品位、实现学校可持续发展的推动力。

四、以劳育美，创造美好生活

劳动教育和美育教育，两者是相互依存的。培智学校开展劳动教育，引导培智学生在劳动教育中寻找美、发现美、收获美，形成美好而高尚的品格。美育教育的目的是提升学生的审美和人文素养，培养全面的个体，培养学生道德修养和对美好的向往，为国家和民族的发展贡献力量。劳动教育强调通过劳动教育提升学生的劳动素养，通过劳动创造美好生活，从形成劳动习惯到形成劳动自觉，培养爱劳动、会劳动的好公民。例如，感恩父母教育：给父母倒茶、洗脚、捶背、给父母行鞠躬礼，说感恩话、做感恩事，通过教育，培养培智学生感恩父母的美德。例如，元宵节包元宵活动的举办，培养培智学生形成正确的劳动观念和人生价值观，激发他们共同探索和尝试的积极性，在活动中美化劳动工具，美化劳动环境，美化劳动氛围，产生审美体验，进而影响学生们的道德素质和品质。以劳育美，为培智学生的未来奠基，是学生创造美好生活的重要举措。

第二节 培智学校劳动教育课程的内涵解读

在课程改革的过程中，培智学校劳动教育课程指向培养学生劳动素养的提升，紧扣以生活为核心，以现实生活为载体，坚持整合课程资源，在"做中学，学中做"，尊重学生的学习起点和能力，满足学生差异化的教育需求。马克思、恩格斯指出：劳动是一种客观活动，是实现人的全面发展的重要途径，而教育与生产劳动的结合是实现人的全面发展的必经之路。

一、培智学校劳动教育课程内涵

培智学校劳动教育课程内脏涵是针对智力障碍学生开展的。它的内涵首先是在于培养培智学生的生活自理能力、简单的生产劳动技能的教授以及职业意识启蒙。其课程目标就是要促进学生的差异发展，促进全体学生全面发展基础上的个性化发展，培养全面发展的人、主体性和个性充分发展的人。适性发展，潜能教育，通过自然环境与育人环境的有效衔接，关注学生的学生需求，对课程进行精心设计，结合当地劳动教育资源，始终让学生学习有用的劳动技能，开发具有本土特色的劳动教育课程，让学生在学习课程后能够参与家庭的劳动小作坊或社区等简单生产劳动和现代服务业劳动，形成独立或半独立的劳动能力，为回归生活打下良好基础。

（一）关心学生未来，提高生活质量

结合学校和学生的实际，开发适合学生身心发展的劳动教育课程，让学生通过几年的学习，掌握一定的劳动技能，毕业后能够自理甚至可以独立或半独立，减轻家庭与社会的负担，一直是特殊教育领域关注的重点。学校开设的校本劳动教育课程或地方劳动教育课程是在落实国家的劳动教育课程外作为学校劳动教育的分支课程，旨在通过学习，为学生日常生活提高品质打下基础。

（二）发挥本土优势，彰显地方特色

以"为培养学生有用的生活技能"为核心，以劳动主题统整活动为主要实施途径，把学生该具备的劳动技能、劳动品质习惯和素养进行任务分解，选择体现有本地特色的教学内容。

在开发地方课程"回归生活 劳技活动"中，充分挖掘当地丰富的水果文化和饮食文化资源，将劳动教育巧妙地融入简单生产与现代服务业两大领域。通过设计一系列富有乡土特色的实践活动，这些课程将不仅仅局限于课堂，而是要深入学生的生活，为他们未来的生活提供实质性的帮助。这样的课程设计旨在让学生在实践中学习，在学习中体验，在体验中成长，从而真正实现学以致用，让教育回归生活的本质。在简单生产劳动和现代服务业劳动两个领域开发系列有乡土特色的劳动教育课程，让课程融入学生的日常生活，又为学生的日后生活服务。

（三）遵循适性发展，关注潜能开发

"适性"意思是说适合"儿童"的天性和"学生"的个性，在教学中我们要认真关注每一个学生的适性发展，要挖掘每一位学生的潜能，使学生顺

利获得支持未来发展所需的必备品格和关键能力。教学要从学生的实际需要出发，教育要适合学生发展需要，教师要创设有利学习条件，激发学生的潜能，促进学生个体全面发展。

（四）尊重个体差异，设计多层目标

由于培智学校学生障碍类型较多，劳动能力水平不均衡，依据学生劳动能力水平，可制定不同的劳动素养目标，满足学生学习差异的需求。在课程目标设计上依照学生的兴趣、特点和现有劳动能力的最近发展区以及家长的实际期盼设计课程目标，通过开展现代服务业劳动、简单生产劳动等，让学生接受职业启蒙教育，学会有用的劳动技能，在劳动主题实践中实现劳动精神、劳动能力和劳动品质的有机结合。

（五）注重具身体验，强调实践操作

劳动教育过程注重具身体验过程，让学生身心参与，动手、动口、动身、动脑，使用劳动工具，以体力劳动为主，还要注重劳动安全，让学生愉快地完成每一项劳动实践操作，体验劳动成果带来的乐趣。

（六）弘扬劳动精神，发挥育人功能

引导学生在参与个人劳动、学校劳动、家庭劳动、社区劳动、社会实践劳动的过程中弘扬劳动精神，学生学会劳动技能，收获劳动带来的快乐，珍惜劳动成果，具有良好劳动素养，形成会劳动、能劳动、爱劳动的好公民。

二、劳动教育重视劳动实践

2018年9月，习近平总书记在新时代全国教育大会上强调，"要在学生中弘扬劳动精神，教育引导学生崇尚劳动、尊重劳动，懂得劳动最光荣、劳动最崇高、劳动最伟大、劳动最美丽的道理"，要求构建起"德智体美劳全面培养的教育体系"。中国学生的核心素养中提到学生应具备的能够适应终身发展和社会需要的必备品格和关键能力。中国学生的发展核心素养的三个方面以科学性、时代性和民族性为基本准绳，以培养"全面发展的人"为核心。而劳动教育课程自身有一种内涵属性，其以培养学生文化基础、自主发展、社会参与为重要指向，以真实的生产，生活，生态为课程实施的重要时空，侧重认识适合学生发展的课程，利用适合学生发展的课程。新的课程改革强调的是在真实生活、生产、生态中体验学习，不强调知识体系的完整性，鼓励开展探究活动，这要求我们要有目的、有计划地对相关活动方案进行课程化编制。

劳动教育课程应选择与学生相适配的课程教学内容，使学生能够在学习的过程中获得一技之长，为未来的独立生活打下坚实的基础。

例如，走进社区"开展九九重阳、关爱永久慰问活动"如图2-1所示，让培智学生运用掌握的劳动技能，到社区孤寡老人家里开展居家劳动，培养培智学生的劳动能力，使他们在独立自强的基础上养成关爱老人、热心助人的优秀品质。培智学生为孤寡老人送上节日祝福，表演歌曲《听我说谢谢你》《你笑起来真好看》，手语舞蹈《感恩的心》，开展志愿服务活动，达到"以劳树德，以劳增智，以劳健体，以劳育美"的德育教育目的，着重锻炼和培养学生观察、分析和解决问题的实践能力，锻炼和培养了学生动手动脑的能力，让学生学会生存学会生活，培养学生自立、自强、自信的良好品质，为日后回归社会打下良好的基础。

图2-1　学生走进社区开展九九重阳、关爱永久慰问活动

如学习柑橘类水果的采摘、搬抬、分拣及保鲜技巧，还可以学习如何进行线上、线下售卖，如何称重、打包、邮寄等，此外还能学习制作与其相关的菜式，不断挖掘其潜在价值；如认识炊具的使用方法，学习如何通过选糙米、浸泡糙米、打米浆、过筛、高温蒸煮、晾凉、切粉、摆盘、浇汁这些环节一步步制作出美味的竹篙粉，以及竹篙粉的各种搭配，如图2-2（由张素芬老师提供）、图2-3（由何绍仪老师提供）所示。

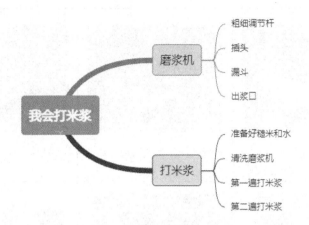

图2-2 我会打米浆流程图

　　由于学生在智力、肢体动作、协调能力等方面存在一定的缺陷，劳动教育课程通过系统的教学和开展丰富多样的活动，通过视觉、听觉、触觉等多感官方式，让培智学生在实践中锻炼手指的灵活性、手眼协调能力等，从而提高他们的动手能力。在课程中，教师鼓励学生发挥自己的创造力，尝试新的方法和技巧，以解决实际问题。这种教育方式有助于激发培智学生的潜能，培养他们的独立思考能力和解决问题的能力。与此同时，乡土课程对学生的心理健康具有积极作用，通过各项劳动技能的学习与他人给予的积极评价，他们能够体会到自己的价值和成就，不断增强自信心，克服自卑心理。

　　劳动教育课程的开设能够帮助培智学生提升动手能力、培养创造力和独立思考能力，还能够提高他们的沟通能力和团队合作精神，对他们的心理健康发展具有积极作用。这些收获对他们来说具有长远的影响，乃至受益终身，长风破浪会有时，直挂云帆济沧海。

第一步：抓住纸箱里侧的大角，并折下纸角，并粘牢胶带

第二步：抓住纸箱两边的纸角，并按下

第三步：按下纸箱外侧的纸角

第四步：拇指按住纸箱，使得大纸角刚好卡在两侧的纸角里

第五步：翻转纸箱，把纸片卡放进纸箱里

第六步：称重秤开机

第七步：把纸箱放在秤上

第八步：将水果装箱，逐渐装到指定的克重

第九步：放下装满水果的纸箱

第十步：用透明胶带把纸箱底横向封上

第十一步：再用胶带把纸箱底竖向封上

图2-3 我会打包纸箱流程图

第三章　培智学校劳动教育课程的顶层设计

培智学校劳动教育课程的顶层设计，一方面是以顶层设计的视角来看学校的课程建设，另一方面是以顶层设计的教学策略来指导劳动教育教学。顶层设计应注重学校教师队伍的建设，课程目标的引领，课程资源的利用与设计，课程校本化的实施。本章从培智学校劳动教育课程的实施方案设计、培智学校劳动教育课程的大纲研制两大方面来阐述。

第一节　培智学校劳动教育课程的实施方案设计

培智学校学生的劳动教育课程，通过培养学生的基本生活技能、社会适应能力和创造力，提高学生的综合素质和社会适应能力。在实施过程中，需要注重课程内容的丰富性、教学方法的多样性和评价体系的科学性，以确保劳动教育课程的有效实施。同时，需要加强与家长的沟通与合作，共同为孩子的全面发展提供有力支持。

一、实施方案设计注意事项

课程的实施方案设计应包括建设背景，包括现有资源，学校发展现状分析，课程建设原则，课程建设目标，课程体系，如框架、结构和门类，课程组织、管理与评价等。因此，有效利用自身的课程文化和课程特色，处理好课程的传承与发展的关系，能促进培智学校课程的发展，使培智学校的优势得到进一步的凸显。培智学校劳动教育课程的实施方案设计应注意以下三点。

（一）方案设计既要契合主流，又要富有个性

培智学校劳动教育课程的实施方案里面的课程目标与内容都要体现国家

与地方性法规的精神，并与本校的发展方向相一致；课程设置与结构都要清晰、合理，能体现特殊教育的生活化与实践化的特点；课程的编排和设计应注重综合性、趣味性、活动性，符合培智学生的发展需要、能力、兴趣及经验；课程评价和学生发展评价要定期化、经常化，评价标准应与课程目标相呼应。这是编制课程实施方案的基本依据。

（二）方案设计既要结构清晰，又要体现发展需求

方案设计在功能上体现相互关系，既注重目标上的一致性，也关注形式、功能上的互补性，最终确定劳动教育领域，确定劳动教育的主题和内容。

（三）方案设计既要体现研发激情，又要提升课程品质

课程实施方案的研发与制定需要教师共同倾注热情，奉献智慧；同样，课程方案的实施与发展也需要教师全力以赴、同舟共济。只有研发与实施实现"无缝对接"，才能真正发挥出方案的规划、指导作用，提升课程的实施品质。

二、实施案例

"回归生活 劳技活动"课程建设实施方案设计案例

以课改为背景，在德庆县启智示范学校课程开发中，做到以师生为主体，以人的发展为核心，以培养创新精神与实践能力为目标，充分利用学校现有的教学特色以及丰富的资源优势，给学校的发展、给教师专业的发展、给学生个性的发展提供了新的舞台，全面落实素质教育，让师生与课改同成长。

一、课程建设实施方案设计背景

（一）学校基本情况

德庆县启智示范学校是德庆县唯一一所公办特殊教育学校。创办于1986年，1993年成立"德庆县德城启智学校"，是广东省第一所县域启智学校，2011年正式更名为"德庆县启智示范学校"。近年学校加大特殊教育经费投入，2013年办成九年一贯制寄宿型学校，是肇庆市第一所寄宿制县域特殊教育学校，招生和服务范围扩大到全县。学校占地面积330平方米，建筑面积1182平方米。现有9个教学班，现有117名学生（男生79人，女生38人），其中包括劳动教育学生7名，在校住宿学生17人（男生12人，女生5人），专任教师24

人，职工6人。学校建设有感觉统合训练室、康复训练室、美术室、心理健康辅导室、蒙特梭利活动室、语音室、图操室、音乐律动室、劳技室、电脑室等功能室，为智障学生接受良好的教育提供了基础保障。

学校坚持"融合发展、和谐共进"办学理念，践行"阳光、明理、自立、自强"校训。全面落实德庆县第三小学与启智示范学校实行同校管理，探索施行"融合教育"的模式，让普通学生与特殊学生在同一校园里学习生活，让特殊学生获得成长发展信心，不断增强适应能力，为今后融入社会打好基础。

建校三十七年来，学校办学质量稳步提高，我县先后两次被评为"全国特殊教育先进县"光荣称号；多次被肇庆市残联评为特殊教育先进单位和残疾人工作先进单位；2019年3月，德庆县妇女联合会授予我校"巾帼文明岗"称号；2020年5月，肇庆市妇女联合会授予我校"巾帼文明岗"称号；学生参加肇庆市特殊儿童少年创作、广东省特殊学生艺术汇演等比赛20多人次获奖；2015年5月，学校3名学生代表广东省田径队，在四川省参加全国第九届残运会暨第六届特奥会，取得了3金2银1铜的优异成绩，为全省人民争得了荣誉。2018年4月，学校10名学生代表肇庆市参加广东省第八届残疾人运动会特奥田径项目，获17枚金牌14枚银牌13枚铜牌。2018年6月，我校学生参加广东省首届青少年儿童科普作品创作大赛绘画比赛获得一等奖3名、二等奖9名。2018年，启智学校的"融合教育快乐田径校本课程建设"在广东省特殊教育学校课程建设优秀成果评选交流展示会活动中获方案类三等奖。黄敏婷同学参加2019年广东省第十二届科普作品创作大赛获优秀奖。2019年，我校"中重度智障儿童文明礼仪养成教育"课题成果获广东省教育学会第五届教育规划小课题研究成果三等奖，市基础教育科研成果二等奖，市名教师工作室1个，市名校长工作室1个；2019年，覃伊萍同学参加广东省第四届寻找最美好少年活动中荣获自强好少年称号，2019年10月被评为肇庆市新时代好少年。2019年9月，我校张艺老师代表学校参加肇庆市特殊教育青年教师教学能力大赛获市一等奖。2019年，承担德庆县科研课题3项，市级科研课题1项，省级科研课题1项，近年来教师参加省、市的各类教学论文比赛评比活动，获奖累计120多人次。

（二）面临的问题

根据背景调查研究发现：第一，特殊教育的政策要求：2022年2月颁布的

《教育部2022年工作要点》、2020年3月，中共中央、国务院颁布的《关于全面加强新时代大中小学劳动教育的意见》、2016年教育部颁布的《培智学校义务教育劳动技能课程标准》。第二，学校发展需求：推动培智学校更新教育理念，完善课程体系，变革评价及教学方式。依托地方特色文化和资源为本课程开发提供的条件，提升培智学校劳动育人质量，从而形成劳动教育创新经验和促进教师专业发展。第三，家长期望：这些学生生活环境周围有十几家农产品加工点，学生家长大多数期待孩子能学到一技之长，学生毕业后可以去做采摘水果工作、到水果分拣场地、到自家水果店或竹篙粉店帮忙等，家长期望的是学生毕业后能跟随家长或在社区的支持下去参加简单的生产劳动，减轻家庭负担，形成独立或半独立的生活能力。第四，学生发展需要：实现培智学生缺陷补偿，潜能开发，促进个体全面发展。通过劳动教育，掌握劳动知识，丰富经验，补偿缺陷，开发潜能，提升劳动素养和品质。

学校是县城唯一一所特殊教育学校，项目合作学校位于乡镇，项目组成员调研了领衔学校与参与学校的125个学生家庭，其中有45个学生家庭在农村生活且家里基本上种植有农作物，有80个学生家庭在社区生活，除了一部分家长有固定工作外，其余家长主要靠从事农产品加工劳动和现代服务劳动来维持生活。

由于学生个体差异较大，智力残疾程度和层次不同，一线老师精力有限，需开发立足本土资源，适合学生发展的劳动教育课程，作为学校劳动教育的分支课程之一，让学生学习完这门课程之后能成为劳动力独立或半独立的劳动者。

三、课程建设总体目标

（一）总目标

以劳动主题统整活动为主要实施途径开展现代服务业劳动、简单生产劳动，培养学生的劳动意识和观念、劳动能力、劳动品质和习惯、劳动精神满足日后生活需要的劳动素养，为日后回归生活打好基础。

（二）预期目标

课程以"陶行知生活教育观""新时代中国特色社会主义劳动教育观""人本主义观""差异教学"为理论依据，尊重学生的学习起点和能力，满足学生差异化的教育需求。注重将所学知识与生活实践相联系，注重学生身心参与，以学生的生活经历为内容，对学生进行职业启蒙教育，培养学生良好的生活态度，传授基本的劳动知识和劳动技能，为学生日后顺利回归社会打好基础。

四、课程体系建设与实施

课程体系建设与实施过程，如图3-1所示。

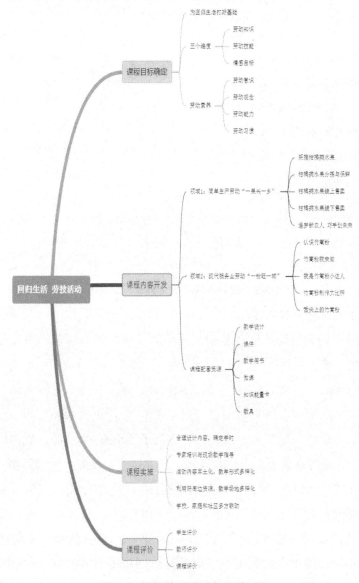

图3-1　课程体系建设与实施过程

（一）课程结构

坚持国家课标引领，根据学生日后回归生活的实际需要，德庆县启智示范学校回归生活劳技活动课程结构设计了"简单生产劳动""现代服务业劳动"两个劳动领域，主要对学生进行职业启蒙，培养学生日后回归生活所需要的有用的劳动技能，每学期有一个大的活动主题，对每个大主题活动进行任务分解又分为若干个子活动，如图3-2所示。

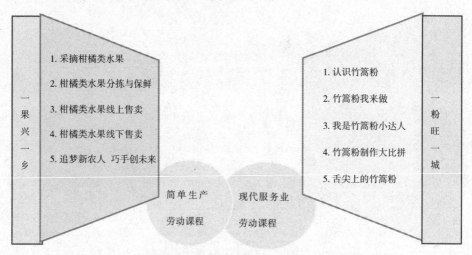

一果兴一乡
1. 采摘柑橘类水果
2. 柑橘类水果分拣与保鲜
3. 柑橘类水果线上售卖
4. 柑橘类水果线下售卖
5. 追梦新农人 巧手创未来

一粉旺一城
1. 认识竹篙粉
2. 竹篙粉我来做
3. 我是竹篙粉小达人
4. 竹篙粉制作大比拼
5. 舌尖上的竹篙粉

简单生产劳动课程　　现代服务业劳动课程

图3-2　回归生活 劳技活动课程结构图

（二）主题划分和内容

主题可以划分为简单生产劳动"一果兴一乡"主题活动和现代服务业劳动"一粉旺一城"主题活动，共10个子活动。简单生产劳动"一果兴一乡"主题活动，包含的子活动有5个：采摘水果活动、水果分拣与保鲜活动、水果线上售卖活动、水果线下售卖活动、"追梦新农人 巧手创未来"活动。现代服务业劳动"一粉旺一城"主题活动，包含的子活动有5个：认识竹篙粉、竹篙粉我来做、我是竹篙粉小达人、竹篙粉制作大比拼、舌尖上的竹篙粉。

简单生产劳动"一果兴一乡"主题活动主要培养学生以下几方面的能力：①培养能协调运用肢体和感官参与活动的能力；②培养学习初步的职业知识和技能的能力；③培养学科知识运用能力；④培养回归主流社会的能力；⑤培养学会使用现代技术电子产品进行网络销售的能力；⑥培养整理与归纳的能力；⑦培养学习社交技巧，能与他人友好合作的能力；⑧培养能根据他人的需求和情境作出恰当的行为表现的能力；⑨培养学生珍惜劳动成果、积极参与劳动的品质，具有一定的质量意识、安全意识、审美意识、环保意识和法律意识。

现代服务业劳动"一粉旺一城"主题活动主要培养学生以下几方面的能力：①培养传承当地特色小吃手艺并进行创新的能力；②培养能够熟练地掌握烹调前的各种预制加工技术；③培养学生的成就感和幸福感；④培养学生珍惜粮食，热爱劳动，歌颂劳动人民的良好品质。

（三）课程实施的方法措施

1. 课程实施的方法

（1）差异教学模式

在班级教学中，有效利用和照顾学生差异，在教学指导思想、目标、内容、方法策略、过程、评价等全方位实施有"差异"的教学，促进学生在原有基础上得到充分发展。同时，厘清差异教学与因材施教、个别化教学和分层教学等的关系，从学生不同的准备水平、兴趣和学习风格出发来设计差异化的教学内容、过程与成果，最终促进所有学生在原有水平上得到应有的发展。

（2）个别化教学模式

我校针对智障学生个体差异性大，学习能力不均衡的特点全面实施个别化教学。每学期开学前即由班主任、不同学科的任课教师参与，为每个学生制订一份个别化教育计划，并采用课堂上实施个别化教学和课后采用一对一的教学的形式。

（3）情境教学

智障学生理解能力差，思维简单直观，知识的迁移能力相对较差，如何把学到的有限知识转化为实用的技能有着较大的困难。因此在具体的教学活动中，我们根据具体的知识点要求，设置相关的教学情境，来辅助同学们达到相关的教学目标。

2. 课程实施的措施

①充分调动教师参加课程开发的积极性，体现参与性，对取得优异成绩和在课程建设过程中有突出贡献的给予奖励。

②充分利用校内外的教育资源，坚持地方化。每次活动都要制定方案，

要收集图片和撰写活动小结。保证学校课程开发的方向性与探究性。

③制订学校课程开设计划，将学校课程纳入学校课程计划，教师每学期应根据学校制订的计划，撰写教案，教学案例和教学心得体会。

④课程的组织形式必须以学生为本，教师应充分尊重学生的意愿，采用学生喜爱的组织形式和活动方式，充分调动学生的学习积极性，提高学生的劳动素质，增强学生的竞争意识。

⑤在学校课程的实施过程中，教师要给学生创造宽松的活动环境，学校要在资金上大力支持，教师要重视学生的过程体验，不能只看重活动的结果。

3. 劳动主题统整活动实施

本课程主要以劳动主题统整活动为主要实施方式，对培智学校七年级学生（随读六年级）进行集体教学及进行一对一教学。教学时以"七年级（随读六年级）培智学生劳动能力评估卷"及家长调查问卷作为评估工具，以教学方案、教学实录等作为参考，以主题活动式教学法、情景教学法、现场教学法、个别化教学为主要教学方式，以部分肢体协助、语言提示、眼神提示、视觉提示、示范提示为教学策略，以微课、知识能量卡、教学课例作为学习材料。

4. 课程内容的组织

课程内容在组织时，考虑到各个阶段的课程应当彼此衔接、互相沟通。

①坚持整合性的原则。在课程内容设计上各要素之间的横向联系和水平组织上要做到要素之间的内在联系，逐渐获得一种新的观点，以提高学习的应用性和效率。

②坚持连续性的原则。劳动领域的内容从易到难，在不同学习阶段不断地予以"重提"，使学生有机会反复地、连续地学习，练习与复习，避免遗忘。

③坚持顺序性的原则。顺序性原则与连续性高度相关，但又超越连续性。后面内容应在更高层次呈现，随着学生的学习水平提高，增加学生学习的广度与深度。

5. 教学用书编写

（1）编写形式注重学生实际需要

选取学生参与过的活动素材作为教学用书编写素材，图片、视频体现真实性原则和可操作性原则，从学生的年龄特点、心理特点和实际劳动能力水平，选取适合的切入点，精心编写。

（2）难易共兼注重教与学的选择弹性

教学用书分为知识窗、请欣赏、试身手、实践园四个板块，"知识窗"主要是让学生了解本课的一些劳动教育知识，"请欣赏"则是设计本节课技能操作视频或微课视频和劳动技能图文介绍，"试身手"是学生参与过的一些劳技活动的图文和操作步骤，"实践园"板块设计堂上练习，引导学生谈感受及布置家庭作业等，供教与学选择。

（3）资源整合体现教学载体的生活化和本土化

教学用书编写素材来自本土劳动教育资源。德庆贡柑曾先后获得"中华名果""中国柑王""岭南十大佳果"等荣誉称号，广东省肇庆市德庆县也被评为"中国贡柑之乡"！通过摘柑、卖柑、品柑、颂柑等主题编写生活化和本土化教学材料。竹篙粉则是德庆有名的小吃，通过认识竹篙粉、制作竹篙粉、品尝竹篙粉、欣赏竹篙粉、诵竹篙粉等主题教育活动，编写有本地特色的地方教材，体现本土特色，具有现实意义。

四、课程组织、管理与评价

（一）具体举措

①成立学校课程建设工作领导小组，争取县教育局有关职能科室的领导与支持，聘请专家来校指导课程开发的研究工作，提供相关的教育理论资料及其信息。

②充分依靠广大教师、家长以及社会部门，通过各种途径搜集各种信息和资料，组织学生开展丰富多彩的劳动教育教学实践活动。

③建立相应的学校课程开发、评估制度，将地方课程开发与教师业绩考核和绩效工资的发放直接挂钩，调动骨干教师、青年教师投身课程建设的热情与积极性。

④组织课程开发的专题研讨活动、案例设计和教学公开课，汇编相关文集。

⑤课程建设环境衔接。因地制宜，由于学生存在较大的个体差异，接受

能力受限，为了更好地使学生在舒适的环境中进行愉快的学习，必须创设舒适的育人环境，让学生全身心参与学习。

自然环境与人文环境的衔接。教学氛围温馨度：用孩子喜欢的语言交流，让孩子放松身心，从而喜欢上这门课程。课程设置缓坡度：按照孩子的接受能力设计课程容量，难度逐步增加。教学方式亲切度：用孩子喜欢的学习方式进行教学，运用赏识教育、小步子教学法，教态自然、大方，用亲切的语言。教学时长分散度：采用分段慢跑的方式，能充分理解孩子的灵活性、模仿性。教学评价兴奋度：对孩子的评价能起到唤醒兴趣、激励主动、鼓舞精神的作用。这样设计是为了培养孩子良好的思维品质、良好的劳动素养、良好的情感意志和基本价值观。

（二）进度安排

1.课程推进计划

（1）课程建设准备阶段（2022.02—2022.06）

①建立健全课程建设管理机制。

②培训课程建设研究队伍，提升课程建设成员的研究水平。

③组织课程建设会议，研讨课程建设实施方案。

④在原有资料的基础上，进一步搜集和整理相关课程建设资料。

⑤确定调查和访谈对象，设计调查问卷，访谈提纲。

（2）课程建设实施研究阶段（2022.07—2023.10）

①确定"回归生活 劳技活动"课程总目标，构建和完善本课程的课程架构。

②进行课程建设实质性研究，在专家指导下按计划、分步骤实施研究。

③开发和整理出具有本地区特色的"回归生活 劳技活动"课程，并形成可操作和推广的教学资源。

④上好研究实验课，制定改进措施。

⑤对教师进行"回归生活 劳技活动"教学以来教学实施情况的问卷和访谈调查，并对问卷进行统计分析。

⑥根据前期实践研究与调查统计分析，对"回归生活 劳技活动"建设做出全面的研究。

⑦撰写阶段性的相关研究论文。

⑧定期召开课程建设研究会议，及时报告阶段总结，进行阶段成果展示。

（3）总结提炼阶段（2023.11—2023.12）

①对课程建设进行总结，对课程建设进行科学的分析和归纳，整理汇编各种研究资料、原始资料，编撰整合课程及教材。

②在专家指导下组织课程建设组成员撰写课程建设研究报告，邀请专家进行成果鉴定，迎接终期验收与审核。

2. 课程推进措施

①教学队伍建设。要逐步形成一支以高校专家指导，特殊教育高级教师负责的、结构合理、人员稳定、教学水平高、教学效果好的教师梯队，要按一定比例配备辅导老师和实验老师。

②教学内容建设。教学内容要具有先进性、科学性，要及时反映本学科领域的最新科研成果。坚持国家课标引领，根据学生日后回归生活的实际需要，设计了"现代服务业劳动、简单生产劳动"两个劳动领域，主要对学生进行职业启蒙，培养学生日后回归生活所需要的有用的劳动技能，每学期有一个大的活动主题，对每个大主题活动进行任务分解又分为若干个子活动，逐步递进。每个主题活动安排20课时。第一学期的主题活动是"一果兴一乡"主题活动，包含的子活动有5个：采摘水果活动、水果分拣与保鲜活动、水果线上售卖活动、水果线下售卖活动、"追梦新农人 巧手创未来"活动；第二学期的主题活动是"一粉旺一城"主题活动，包含的子活动有：认识竹篙粉、竹篙粉我来做、我是竹篙粉小达人、竹篙粉制作大比拼、舌尖上的竹篙粉。

③要使用先进的教学方法和手段，教学模式先进，相关的教学大纲、教案、教学录像、微课、参考文献目录等与本地区的相关学校实现优质教学资源共享。理论和实践相结合，在学校课程体系中增加实践性劳技课程，使学生能够"在学中做""在做中学"，让实践和体验成为一份丰富的课程资源。争取做到"周反思、月比赛、期展示"，校内劳作、校外合作；"三规范"：规范管理、规范纪律、规范卫生；"四评价"：学生自评、同学互评、教师点评、家长点评。

④教材建设。要建设成精品教材、努力建设成本省示范性课程。依据中华人民共和国教育部制定的《培智学校义务教育劳动技能课程标准（2016年版）》和培智高年级学生的身心发展规律，掌握校内外劳技资源的情况，把劳技课和其他学科有机整合，重新构建劳技课程内容，循序渐进地让学生进行连贯的技能学习与训练，从而达到泛化、迁移的效果。

⑤机制建设。建立相应的激励和评价机制，学校对课程建设给予必要的经费支持，课程骨干建设人员的贡献将计入教师的教学业绩，并对课程骨干建设人员给予相应的奖励。通过精品课程建设，建立健全精品课程评价体系，建立学生评价制度，促使精品课程建设不断发展。

（三）保障条件

①专业支持。加强学科指导，聘请高校专家作为课程开发指导专家。

②保障建设项目经费。合理使用专项经费10万，课程建设过程中不足部分由学校支持。

（四）课程评价

本项目的课程评价包含学生劳动综合素养发展的评价、教师专业发展的评价和课程质量的评价，每个评价包括评价内容、评价过程与方法和评价的主体。

1.学生劳动综合素养发展的评价

评价内容：使用自编的"七年级（随读六年级）培智学生劳动能力评估卷"对学生进行前测和后测，对家长进行问卷调查。

评价过程与方法：通过真实情境下的主题实践活动、家长提交的学生劳动作业等有侧重地选择多种评价方式作为过程性评价。

评价的主体：教师、家长。

2.教师专业发展的评价

评价内容：聚焦教师职业道德和专业能力两个维度。

评价过程与方法：采用定期评价的方式，以教师教学理念与教学实践反思为主，结合日常的教学资料检查、听评课的落实、课程资源的整理、每学期的家长满意度调查等进行评价。

评价的主体：教师本人、同事、家长、校长。

3.提升课程质量的评价

评价内容：课程方案的评价、课程实施过程的评价、课程效果的评价。

评价过程与方法：评价过程贯穿学期始终，运用现场观察、访谈、问卷等方法，评价团队对获得的评价信息进行综合评价。

评价的主体：家长代表、教师代表、教育局教学管理人员、专家、教育督学。

第二节 培智学校劳动教育课程的大纲研制

大纲的研制首先要考虑学生的需求和特点，确保课程内容适合学生的智力和身体发展水平，能有效促进学生的全面发展并激发学生的学习兴趣和积极性。劳动教育课程的核心是实践，因此大纲的研制应注重实际操作和实践经验的积累。通过实践操作，学生能够更好地理解理论知识，提升动手能力。劳动教育课程不仅要教授学生专业知识，更要注重生活技能的培养。通过课程的学习，学生能够掌握一些基本的生活技能，提高生活自理能力。通过模拟社会场景、教授社交礼仪等方式，帮助学生更好地适应社会。

一、课程大纲研制的价值和意义

课程大纲是课程的顶层设计，也是课程的灵魂所在。2023年教育部教材〔2023〕2号文件《教育部关于加强中小学地方课程和校本课程建设与管理的意见》中指出，在进行课程大纲研制时要注重明确课程的名称开设的年级和课时，阐明该课程的目标、课程的内容、课程的结构、课程的实施和课程的评价方式。

（一）规范课程名称

课程名称要非常规范，它等于课程的窗户，我们在研制的时候要注重考虑它的规范性，建议要简洁，让读者一看课程名称就知道课程的学科、学段、内容等信息。

（二）要明确培智学校劳动教育课程纲要的结构和框架

培智学校劳动教育课程纲要的结构和框架一般有以下两种。第一种是参照国家课程标准的框架体例来研制，有课程性质、课程理念、课程目标、课程内容、学业性质、课程实施。第二种是制订培智学校课程纲要的简易体例。培智学校劳动教育课程的课程纲要有七个部分：课程性质、课程理念、课程目标、课程功能、课程内容、课程实施、课程评价。课程目标、课程内容、课程实施、课程评价是"课程四要素"。要规范培智学校劳动教育课程纲要的撰写标准。课程功能是指为什么学生要取得这些学习成果。

（三）课程性质

课程性质是指课程本身所具有的与其他课程不同的特征，是由课程本身所教授的内容和形式决定的。课程性质直接影响培智学生综合素质的提升。在撰写时应当把课程目标融进课程性质，以发挥课程性质的作用。

（四）课程理念

课程理念应阐明本课程的价值所在是什么，应当说明在什么理念下，架构了什么样的课程结构，详细地描述课程性质等。

（五）课程目标

课程目标可分为课程总目标以及学段目标、单元目标等。其中课程目标是指要学生取得什么样的学习成果。在撰写时注意学生情感态度的培养，在教学目标上注重学生的探究创新，在课程目标设计上注重生成，注重学生核心素养的形成。让学生通过几年课程的学习，提高学生的劳动素养、综合能力、提升生活品质，提高责任担当和创新精神。

（六）课程内容

课程内容是指学生取得哪些具体的学习成果。在撰写的时候常见的是用表格呈现，内容一般包括主题、时间（周次）、节次、学习具体内容、实施要求等，课程内容要与师生教学实践活动的实施一致。

（七）课程实施

课程实施是指学生通过什么渠道，教师和学生采用哪些教学方法帮助学生取得这些成果。课程实施包括教学对象、课时设置、教学场地、教学资源、教学建议等。

（八）课程评价

课程评价是教育评价的重要组成，以验证课程目标，内容等的实施效果，是保障教育质量的重要组成部分。①课程评价一般以形成评价为主，终结评价为辅。有促进学生的评价、有对教师的评价、有对课程本身的评价，但要注意评价不要重结果，而是要重过程。评价方式的建议多元、具有激励性和科学性。让评价贯穿课程始终，发挥其独特的作用。

二、实施案例

"回归生活 劳技活动"课程纲要编制

本课程作为培智学校劳动教育课程的分支课程，旨在培养学生有用的劳动技能，为融入社会打下良好的劳动教育基础。本课程纲要根据2022年2月颁布的《教育部2022年工作要点》、2020年3月中共中央、国务院颁布的《关于全面加强新时代大中小学劳动教育的意见》、2016年教育部颁布的《培智学校义务教育劳动技能课程标准》和2016年培智学校劳动教育课程标准为依据，为打造地方特色课程体系，为培智七年级劳动教育提供实践指导。

广东省特殊教育精品课程建设项目"回归生活 劳技活动"课程纲要适用于培智学校七年级、普通学校六年级学生使用。

一、课程理念

在课程改革的过程中，培智学校劳动教育指向培养学生劳动素养的提升，紧扣以生活为核心，以现实生活为载体，坚持整合课程资源。

（一）着眼学生未来，提升生活品质

如何开发适合培智学生劳动教育的课程，让他们通过劳动教育提升劳动素养，让他们的未来可成为独立或半独立的劳动力，减轻家庭与社会的负担，一直是特殊教育领域关注的重点。本课程是在落实国家的劳动教育课程外作为学校劳动教育的分支课程，旨在通过学习，能够为学生日后提高品质打下基础。

（二）立足本土资源，彰显地方特色

以"为培养学生有用的生活技能"为核心，以劳动主题统整活动为主要

---

① 钟启泉, 李雁冰. 课程设计基础[M]. 济南: 山东教育出版社, 1998.

实施途径，把学生该具备的劳动技能、劳动品质习惯和素养进行任务分解，选择体现有本地特色（德庆特色）的教学内容。

德庆是广东省历史文化名城，盛产柑橘类水果，有丰富的物产及多样的美食。其中德庆贡柑"12221"市场营销体系建设成效明显，不少果农对德庆贡柑的前景充满信心，纷纷表示将提高质量水平、扩大种植规模。德庆贡柑在省、市的大力扶持下，在乡村振兴政策的引领下，必将成为富民兴村的一颗闪耀明星，成为村民发家致富的代言。

每年春节前后，德庆县都会举行以美食为主题的比赛，其中竹篙粉就是其中的美食之一。其特色是美味爽口、芡汁独特，口感显著区别于普通河粉。近年，德庆城区街头巷尾，竹篙粉已随处可见。这种天然的条件对开发地方特色的课程提供了便利。

（三）遵循适性发展，关注潜能开发

"适性"是指适合"儿童"的天性和"学生"的个性，教学中，既要适合儿童的天性，即儿童作为儿童的群体特征；又要适合学生的个性，即儿童作为"这一个"的个体特征。教学既要重视儿童性，同时要重视个体性。孔子的"因材施教"、道家哲学的顺应天性，卢梭的尊重儿童天性的论述，以及苏霍姆林斯基"个体全面和谐发展"等理论，都能较好地说明教育教学需要"适性"。因此，教学即适性发展，实为追寻课堂教学的本意和灵魂，就是要回归儿童，回归个体，从人出发，使课堂教学的目标、内容、活动、训练等都基于人、适合人、成长人。通过后天的教育，关注学生的身心特点，激发学生的潜能。

（四）尊重学生差异，分层细化目标

培智学校学生障碍类型多，劳动能力层次多，根据学生的学习水平和劳动能力现状，制定不同的劳动素养目标，以适应具有差异的学习要求。在课程目标设计上依照学生的劳动兴趣、特点和学生劳动实际能力以及家长的实际期盼设计课程目标，通过开展现代服务业劳动、简单生产劳动，让学生接受职业启蒙教育，学会有用的劳动技能，在劳动主题实践中实现劳动精神、劳动能力和劳动品质的有机结合。

（五）强调身心参与，落实动手操作

将本特色课程的设计与实施作为立德树人的重要抓手，努力探索并完善课程结构。在对国家课程、地方课程整合的基础上，开发本特色课程，要求学生身心参与，在教师创设良好的劳动教育环境中，开心快乐地完成每一项操作，体验劳动的快乐。

（六）弘扬劳动精神，体现育人价值

将劳动观念和劳动精神贯穿于培智学校劳动教育全过程，覆盖家庭、学校和社会各方面。让学生通过劳动，掌握劳动的技巧，学会技能，体会劳动的乐趣，珍惜劳动成果，通过劳动学会一技之长，形成自立、自信、自强的良好品质，形成热爱劳动、辛勤劳动和珍惜劳动成果的好公民。

二、课程目标

以劳动主题统整活动为主要实施途径开展现代服务业劳动、简单生产劳动，培养学生的劳动意识和观念、劳动能力、劳动品质和习惯、劳动精神，满足日后生活需要的劳动素养，如图3-3所示，为日后回归生活打好基础。

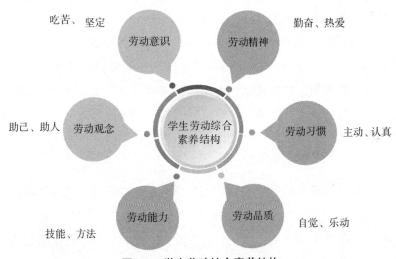

图3-3 学生劳动综合素养结构

①学生层面。让学生学会主动参与劳动，形成自我服务意识，从服务自我生活入手，引导智障学生劳动实践走向生活，培养智障学生的合作精神和劳动习惯，最终让他们具有独立生活能力。让劳动走进生活，在实践中得以锻炼，在课程实施中得以成长。

②教师层面。探索培智学校劳动教育校本课程实施的多元活动设计和教学策略的实施，最终达到提升教育教学效果，促进教师专业成长。

③学校层面。探索并构建适合培智学生劳动教育的课程体系并有效实施，最终提高学校的办学质量，促进学校的特色发展。

三、课程内容

（一）通过简单生产劳动成为自觉、自主的劳动者

通过学习简单生产劳动领域"一果兴一乡"主题板块活动学习，通过摘贡柑、卖贡柑、尝贡柑、颂贡柑等，培养学生能协调运用肢体和感官参与活动的能力；培养学习初步的职业知识和技能的能力；培养学科知识运用能力；培养回归主流社会的能力；培养学会使用现代技术电子产品进行网络销售的能力；培养整理与归纳的能力；培养学习社交技巧，能与他人友好合作的能力；培养能根据他人的需求和情境作出恰当的行为表现的能力；培养学生珍惜劳动成果，积极参与劳动的品质，具有一定的质量意识，安全意识，审美意识，环保意识和法律意识。

（二）通过现代服务业劳动成为自愿、自立的劳动者

通过现代服务业劳动领域"一粉旺一城"主题板块活动学习，通过认识竹篙粉、制作竹篙粉、竹篙粉制作大比拼等活动，培养学生传承当地特色小吃手艺并进行创新的能力；培养能够熟练地掌握烹调前的各种预制加工技术；培养学生的成就感和幸福感；培养学生珍惜粮食，热爱劳动，歌颂劳动人民的良好品质。

（三）通过简单生产劳动和现代服务业劳动成为具有自强精神的劳动者

通过学习简单生产劳动领域"一果兴一乡"和"一粉旺一城"主题板块活动学习，培养学生独立或半独立的劳动能力，使学生具有自强的劳动精神，掌握基本的劳动技能，拥有良好的劳动素养，形成尊重劳动、热爱劳动的良好品质。

四、课程结构

广东省特殊教育精品课程建设项目"回归生活 劳技活动"课程坚持国家课标引领，根据学生日后回归生活的实际需要，德庆县启智示范学校回归生活劳技活动课程结构设计了"简单生产劳动""现代服务业劳动"两个劳动领

域，主要对学生进行职业启蒙，培养学生日后回归生活所需要的有用的劳动技能，每学期有一个大的活动主题，对每个大主题活动进行任务分解又分为若干个子活动。

（一）课程结构体现生活性

课程结构内容设计来源于生活，与学生的实际生活息息相关，大部分学生家庭都有贡柑包装小作坊、家里有贡柑果园、家长从事摘贡柑短期工作以及家长在竹篙粉店工作、经营竹篙粉店等。学生通过一果兴一乡和一粉旺一城两大主题板块的课程学习，能够掌握一定的劳动技能，形成独立或半独立的劳动能力，能够参与家庭的劳动、家庭作坊的劳动以及社区的劳动，减轻家庭负担，为日后回归生活打下基础。

（二）课程结构体现地方性

贡柑和竹篙粉是德庆县特有的城市名片，德庆贡柑产业全力推进全县创建各项工作，推动现代农业发展，带动农民增收致富。竹篙粉是处于粤西的广东省肇庆市德庆县颇具特色的汉族传统小吃，属于粤菜系。其特色是美味爽口、芡汁独特，口感显著区别于普通河粉，且需放竹篙挂晾而得名。近年，德庆城区街头巷尾，竹篙粉已随处可见。通过引导学生学习好这两大主题的课程，培养学生热爱家乡的情感，结合本土劳动资源使劳动内容具有地方特色。

（三）课程结构体现可操作性

培智学生存在个体差异，针对学生的年龄特点和劳动能力实际状况，在课程结构设计中充分考虑到学生的学习能力，采取由易到难，逐步递进的设计，让学生随时可以反复练习，每一环节设计都非常清晰，采用任务分析法、小步子教学法、语言提示、实物支持以及教具辅助等方式进行教学，操作性非常强。

五、课程实施

课程实施是有效达成课程目标的重要过程和途径。广东省特殊教育精品课程建设项目"回归生活　劳技活动"课程根据制定的课程目标，搭建多元的劳动教育平台，注重自然环境与人文环境的衔接，有效组织学生开展简单生产劳动和现代服务业劳动，培养学生的劳动意识、劳动观念、劳动习惯、劳动品质和劳动精神，提升学生劳动素养，提高生活质量，为成为自立、自强的劳动者打下基础，为回归社会做好铺垫。

（一）整合本地劳动资源开展有效教学

依据本地现有的贡柑果园，贡柑采摘期间，组织学生到果园采摘贡柑，体会采摘贡柑的快乐和劳动人民的智慧及掌握采摘贡柑的技巧。把贡柑打包、买卖场景搬进课堂，既能体验劳动的乐趣又能掌握劳动技巧。在学生饭堂增设竹篙粉制作设备，聘请德庆竹篙粉制作传人亲自制作竹篙粉，让学生全身心参与学习，从买米、磨米浆到制作出美味可口的竹篙粉。整合当地的劳动教育资源开展有效教学。

（二）采用差异教学模式

在班级教学中，有效利用和照顾学生差异，在教学指导思想、目标、内容、方法策略、过程、评价等全方位实施有"差异"的教学，促进学生在原有基础上得到充分发展。同时，理清差异教学与因材施教、个别化教学和分层教学等的关系，从学生不同的能力水平、兴趣和学习风格出发来设计差异化的教学内容、过程与成果，最终"促进所有学生在原有水平上得到应有的发展"。

（三）注重个别化教学模式

针对智障学生个体差异性大，学习能力不均衡的特点全面实施个别化教学。每学期开学前即由班主任、不同学科的任课教师参与，为每个学生制定一份个别化教育计划，并采用课堂上实施个别化教学和课后采用"一对一"的个别教学的形式。

（四）实施情境教学

智障学生理解能力差，思维简单直观，知识的迁移能力相对较差，如何把学到的有限知识转化为实用的技能有着较大的困难。因此在具体的教学活动中，我们根据具体的知识点要求，设置相关的教学情境，来辅助同学们达到相关的教学目标。

六、课程评价

本项目的课程评价包含学生劳动综合素养发展的评价、教师专业发展的评价和课程质量的评价，每个评价包括评价内容、评价过程与方法和评价的主体。

（一）学生劳动综合素养发展的评价

评价内容：使用自编的"七年级（随读六年级）培智学生劳动能力评估卷"对学生进行前测和后测，对家长进行问卷调查。

评价过程与方法：通过真实情境下的主题实践活动、家长提交的学生劳动作业等有侧重点地选择多种评价方式作为过程性评价。

评价的主体：教师、家长。

（二）教师专业发展的评价

评价内容：聚焦教师职业道德和专业能力两个维度。

评价过程与方法：采用定期评价的方式，以教师教学理念与教学实践反思为主，结合日常的教学资料检查、听评课的落实、课程资源的整理、每学期的家长满意度调查等进行评价。

评价的主体：教师本人、同事、家长、校长。

（三）提升课程质量的评价

评价内容：课程方案的评价、课程实施过程的评价、课程效果的评价。

评价过程与方法：评价过程贯穿学期始终，运用现场观察、访谈、问卷等方法，评价团队对获得的评价信息进行综合评价。

评价的主体：家长代表、教师代表、教育局教学管理人员、专家、教育督学。

七、课程管理与保障

（一）完善各层级的课程管理

学校成立课程管理小组，由课程组主要成员编制《课程纲要》，由专家审核《课程纲要》，课程组成员负责课程的实施、保障、监督和评估。

①以学生发展为本，学校课程的研究与开发必须认真考虑学生的需要和兴趣，一切从学生的健康出发。

②充分发挥课程对学生发展的不同价值，体现学校的办学特色和地方特色。

③体现学习方式的转变，尽量采取合作、探究和体验有助于学生主动学

习的体验方式。

④参与课程开发的教师要明确各自职责，加强教学与教学用书的规范管理。

⑤充分挖掘校内外课程资源，发挥家长和社会力量的作用。

（二）制定课程管理制度

1. 课程建设成员会议制度

①课程建设成员主要任务是：传达重要的文件精神与学校的重大决策任务、学习课程建设教育教学理论与实践经验、听取成员对学校课程建设工作的意见与建议。

②课程建设研讨会议每月召开一次，一般情况不得请假、迟到。

③出席会议人员必须保持安静，做好各项会议记录。

2. 课程审议制度

该制度的建立，可以规范课程编写、保证教育的质量，提高培智学生的素质。

①制定目的：规范课程编写、审定的程序，确保课程的质量。鼓励教师积极参与教材编写工作，提高教材的质量。为教师提供一个广泛交流、探讨的平台，提高教师专业素养和课堂教学质量。

②审议程序：规划目标制定，学校领导根据学校的教育目标和课程设置，制定课程编写的规划目标。教学资源调研，根据规划目标，教师们需要充分了解教学资源的情况，对各科教学情况进行调研和分析，进一步挖掘教学资源。

③教学用书编写：教师们在教育教学理念的指导下，根据规划目标和教学资源，编写课程，把优秀的教学资源、教育理念融入教材编写中，同时关注社会变化和学生需求，内容更切合实际。

④审议会议：教师们就编写好的课程，召开审议会议，通过内部讨论、公开发言、提供建议和修改等环节，不断完善课程。

⑤学校领导审批：审议会议通过的课程，在学校领导的审批下，进入课程最终定稿阶段。

⑥要求规定：为了保证课程的编写和审美工作的顺利进行，必须有一定的原则和要求。

⑦质量要求：课程编写要求严谨，注重实效性和适用性。教学用书内容应紧紧围绕学科核心内容，结合学生年龄特点和社会现实情况，具有前瞻性、先进性和实践价值。

⑧体现特色：学校应在确保学科基础教学质量的基础上，注重体现地方的办学特色。学校可以从课程设置、教学方法和教材编写等方面，加以体现。

⑨教师参与要求：课程编写和审议是教师共同完成的集体工作，教师应充分发挥主体作用，参与到教材编写和审议过程中，同时注重教学课堂实践、系统性和实效性。

⑩合法合规要求：课程编写和审批，必须遵循教育部颁布的课程标准和相关法律法规，确保编写内容的严谨性和合法性。

3. 劳动安全教育与管理制度

劳动教育是培养学生劳动技能和劳动意识的重要环节，也是构建安全校园的重要一环。为了保障学生的生命安全和身心健康，我校制定了劳动教育安全管理制度，旨在全面落实劳动教育的要求，确保学生在劳动实践中的安全。首先，关于学生劳动能力的培养，我们鼓励学生参与各类实践活动，提高他们的实际操作能力。学校设立工作坊，确保学生能够进行有针对性的劳动实践。同时，学校建立了导师制度，每个学生在实践活动中都有专门指导老师，确保他们的操作正确规范。其次，关于培智学生劳动安全的保障，我们十分注重安全教育和防护设施的设置。学校定期组织安全教育培训，向学生普及安全知识和防护意识，让他们了解各类危险源和事故防范知识。为了全面控制劳动风险，学校建立了安全检查制度，定期进行安全巡检，发现问题及时解决。同时，学校组织专业力量对学生的操作进行监督，确保劳动实践的安全。对于存在较高风险的实践活动，学校还会进行安全评估，并采取相应的措施，进行防范。

（三）课程的保障机制

①专业支持。加强学科指导，聘请高校专家作为课程开发指导专家。

②保障建设项目经费。合理使用专项经费10万元，课程建设过程中不足部分由学校支持。

第四章　培智学校劳动教育课程目标设计

培智学校劳动教育课程目标设计应该结合学生的实际情况，注重培养学生的劳动技能和劳动习惯，帮助他们更好地适应社会生活。如培养学生的基本劳动技能、劳动意识和劳动习惯、团队合作和沟通能力以及创造力和创新能力。通过这些目标的实现，让学生更好地适应社会生活，实现自我价值和人生目标。

第一节　培智学校劳动教育课程目标制定的背景需求

随着社会的发展和科技的进步，人们对于教育的需求也在不断变化。培智学校作为一种特殊的教育形式，旨在为智力发展迟缓的学生提供适应其特点的教育服务。在这样的背景下，劳动教育课程在培智学校中的地位日益凸显。劳动教育不仅可以培养学生的动手能力和实践技能，还能帮助他们更好地融入社会，实现自我价值。培智学校劳动教育课程在培养学生的生活技能、动手能力和社会适应能力方面具有重要作用。为了实现这一目标，学校需要关注课程设置、师资力量、教学资源以及评估与反馈等方面的需求，为劳动教育课程的顺利实施提供有力保障。

一、背景分析

（一）环境背景

环境背景指课程开发的国内国外历史渊源，近十年的重要会议、重要活动和倡议，各级各类推出的形形色色的文件书，如世界组织、各国及本国相关政策文件，重要倡议、活动或会议等。

（二）开设原因

开设原因是什么？需要充分调查，如学生的需要，学生在她们的学习过程中出现了哪些问题，教育教学中出现了哪些陷阱，根据这些陷阱我们来如何改变、纠正这些现象的方法？寻求一个有效的途径，去影响学生的成长。从学校需求、国家需求、时代需求，需要开发一门课程。

（三）可实施性

在研究课程背景时，我们要考虑到开展活动所需要的条件，比如开展活动时的场地、人员、设备、材料、资金是必需的、基础的，可以在必须的基础上往上设计一个层次，比如说想让更多的老师能够听到这节课，让更多的师生了解这个课程开发实际上到底怎么实施，通过网络的形式可以把这节课录成录像分享给大家。

（四）资源优势

发挥教师的自身特长，分工合作，团结一致。充分利用学校现有的资源、社会资源、人力资源、特殊的技术。有效的课程管理，需要对周边的资源充分了解。

（五）独特创新

创新更多的是指课程内容方面，课程实施和评价方式等。比如课程内容很少有人开发或从来没有人开发过，实施方法有创新，吸引人。课程评价有没有创新，比如说用数字化的方式记录了学生学习的全过程，是非常独特的、创新的、有意义的。

（六）课程价值

从跟踪、调研、访谈等，看这门课程的影响有多大。经过多轮开设以后，比如说影响了多少人，即有多少人在你开设了这门课程后有了建树、有了收获，自己取得了成就。

二、影响因素

（一）学生需求

通过问卷调查等方式充分了解学生的现有需求。

（二）育人目标

育人目标必须与学校的育人目标和办学理念一致。这是学校管理者考量这节课能否正常开展的一个重要依据，从育人理念、办学目标的角度要进行一定的思考。

（三）资源条件

这门课开展必须要有最基本的条件，希望学校领导支持的那些内容也要在这里说明。

三、实施案例

"回归生活 劳技活动"课程目标背景需求

（一）课程建设背景

以课改为载体，在本学校课程开发中，做到以师生为主体，以人的发展为核心，以培养创新精神与实践能力为目标，充分利用学校现有的教学特色以及丰富的资源优势，给学校的发展、给教师专业的发展、给学生个性的发展提供了新的舞台，全面落实素质教育，让师生与课改同成长。

1. 学校课程建设现状

①每学期开展的登德庆香山活动、游德庆孔庙活动、游德庆三元塔、德庆体育场运动会、学校运动会、亲子运动会及德庆县中小学生运动会等系列活动，具有丰富的内涵和顽强的生命力。

②我校具有一支结构合理、素质精良、朝气蓬勃、乐于奉献的教师队伍，这为学校课程建设提供了充分的人力保障。学校教师参加省、市级劳动教育教学案例、课例及论文比赛获奖达30多人次，有华南师范大学教授、广东省特殊儿童教育与发展重点实验室教授及市、县特殊教育教研员等作课程开发指导专家，组成了一支教育教学精英群体。

③我校教学氛围浓厚，有优美和谐的育人环境，学生家中大多数在农村，家中有农田、果园、菜园等，这为学生的劳动教育创造了有利条件。

④一直以来，我校把劳动教育课程作为学校的主要课程之一。在专家的引领下，课程设置定位准确，切合学校发展需求和学生成长需求，课程设计科

学，目标明确，内容编排合理，有完整的课程纲要和实施方案，管理规范，实施有序，评价体系完备，课程开设深受学生喜欢。

（二）课程建设原则

1.人本性原则

人本课程观的核心思想是以尊重人的个性为根本出发点，把促进学生各项基本素质全面发展作为课程设计的中心，以整体、优化的课程结构观为核心内容，在课程选择使用上以人为本，重视学生的学习需求，尤其重视不同层次学生的学习需求，坚守学生立场，熟悉学生的认知规律，根据学生的兴趣和需求，学生发展的实际和可能性，使学生的学习需求得到尊重和满足。

2.整体性原则

学校课程的开发要从整体上把握课程的目标与结构，学校课程的开发，学科课程应得到充分重视，活动课程应成为学校课程的重要组成部分，开发潜在的课程资源，重视隐藏在课内外和校园文化中潜在的课程因素及对学生发展的作用，开阔学生生活视野，引导学生回归现实生活世界，使学生有较广泛的兴趣爱好及特长。

3.发展性原则

课程最大价值在于促进学生成材、教师成长、学校发展、社会发展。因此，课程建设内容应该是有趣的、活泼的，教师应引导学生在做中学，在活动中学。学校利用自身和周边资源，构建有本校特色的适合学生发展的特色课程。

4.科学性原则

结合本校实际，实事求是，开发具有本土特色的劳动教育，开发当地资源，传承本土的文化，建设的内容应反映社会需求，以科学的精神和严谨的态度，解决遇到的实际问题和困难，科学地开展劳动教育教学工作。

第二节 培智学校劳动教育课程目标的价值取向

培智学校劳动教育课程目标价值取向是多元化的，旨在通过劳动教育，全面提升学生的生活技能、社会适应能力、自我认知和自我价值感，以及形成正确的劳动价值观。

一、目标和价值取向

（一）提升知识与技能的价值

课程目标的第一种价值取向是提升知识与技能。在学习的过程中，我们不仅可以获取新的知识，还可以培养和提升自己的技能。通过课程目标的设定，学生可以明确知道自己学习的方向和目标，有助于他们在学习过程中更加专注，更有动力学习。通过系统性的学习，学生可以逐步掌握相关领域的基础知识和技能，为将来的发展奠定扎实的基础。这种知识与技能的提升对于学生的个人发展和职业规划都具有重要的价值。

（二）培养思维与创新的价值

课程目标的第二种价值取向是培养思维与创新。在学习过程中，学生不仅要获得知识与技能，还要培养自己的思维能力和创新能力。通过课程目标的设定，学生可以接触到不同的学科和领域，培养自己的多元思维和创造力。这种思维与创新的培养有利于提升学生的综合素质和创新能力。在现代社会中，创新能力成为了一个人成功的重要因素之一，通过培养思维与创新能力，学生可以更好地适应社会的发展和变化。

（三）促进个人成长与社会责任的价值

课程目标的第三种价值取向是促进个人成长与社会责任。通过课程目标的设定，学生不仅可以获得知识与技能，还可以促进自己的个人成长和发展。

通过以上三种价值取向的课程目标设定，可以使学生在学习过程中获得知识与技能的提升，培养思维与创新能力，促进个人成长与社会责任。对提升学生的综合素质和社会责任感的培养具有重要的作用。

因此，在课程目标的设定过程中，应该综合考虑以上三种价值取向，使课程目标更加符合学生的需求和社会的发展需求。

二、实施案例

培智学校劳动教育与德育教育有机融合的策略研究课程目标取向。

（一）研究价值

培智学校劳动教育与德育教育有机融合的策略研究是以习近平总书记提出的劳动是一切幸福的源泉为理论指导，以构建德庆县启智示范学校"劳动教育与德育教育有机融合"育人理念与课程实践为目标的应用性研究。本课题的理论价值在于在实践中丰富理论内涵，以现代教育教学相关理论为指导，探索新时代培智学校劳动教育与德育教育的有机融合策略，为培智学校劳动教育与德育教育有机融合的策略研究提供一定的实际参考。

（二）应用价值

1. 指导"劳动教育与德育教育有机融合"的课程架构目标的制定

（1）以行动力的培养为核心

通过对劳动教育实施课程化、体系化建设，实现弘扬新时代劳动精神、促进学生全面成长的综合实践育人活动。其中既包含劳动教育的德育功能和劳动教育对能力培养的促进作用，还包含劳动教育在"五育"中的核心地位，即以劳辅德、以劳增智、以劳健体、以劳育美，能够促进特殊学生全面发展。

（2）常态化管理，养成良好劳动习惯

好习惯并不是一天养成的。在平时在校在班的简单清洁任务要安排每一位同学都能参与其中。住宿生在宿舍生活的生活常规更容易树立、养成习惯。因而我们针对学生在校、在宿舍以及居家时都制定了一套劳动方案。

（3）协作互助，培养分工合作意识

传统的劳动对个人的劳动能力需求较高，对于培智生就稍显困难，因此需要团队合作。例如，在基地劳动实践中，劳动任务量大，学生一个人难以完成，在浇水时，水桶又大又重，两个学生一起合作提桶，一起浇水，一方面工作效率得到提升，另一方面也培养了学生之间的默契以及合作的劳动意识。有些程度较差的学生很难独立完成一个工作任务，也就很难有劳动体验，因此在完整的任务中提取一小个工作步骤让他完成，他就很容易有成就感、参与感。

（4）采取多元评价，提升学生综合素养

劳动教育与德育都很难使用统一的评定方式去评价学生，因此在评价中要注意多元性、全面性、形成性与发展性，不仅要关注学生完成作品的情况，还要关注学生在过程中的表现情况，采用教师综合评价、生生互评、学生自评等评价方式开展多元评价。

2. 促进劳动教育与德育教育教学改革的实施

注重学生的思想道德建设，顺应一年中不同时令、不同时间节点开展课题研究活动，全方位渗透。与此同时，深度融合德育教育活动，2019年9月至2021年10月顺应天时开展各种活动20多次，县域媒体宣传报道2次，师生、家长参与人数2106人次。通过系列活动，树立了学生的正确劳动观念。以前我校的低年级学生由于年龄较小、残疾程度较严重，连简单的清洁、整理活动都需要家长帮忙。开展课题研究以来，每个班级每周至少设置一节劳技课，尤其是低年级，从少到多，由强带弱，在班级里先从简单的清洁劳动开始，由程度好的学生做一些复杂的任务。如打水、拖地。高年级的每日劳动取得惊人成绩，从一开始没有人愿意做，到人人争着做，合作做，形成你追我赶的局面，劳动意识明显提高，有效促进劳动教育、德育教育教学改革的实施。

3. 探索学校、家庭、社会三结合教育活动的有效途径

结合融合文化，推进校园阵地建设。通过校园广播、校园宣传栏、家长微信群、家委会、媒体报道等阵地宣传，为开展"劳动教育与德育教育有机融合"活动搭建了平台。实施劳动教育不仅要注重知识与技能的培养，还要情感态度与价值观。教师在活动中设计中探寻德育教育，有目的、有计划地设计、开展一系列的校内外活动。合理发挥学校、家庭、社会三结合的作用，开展劳动教育与德育教育主题活动，提高了学生的社会适应能力，把学生培养成为一个自立、自强、自信的好孩子。

4. 深入开展"回归生活课程"教学改革

以人为本，努力构建"爱心起航"团队，加强课程组织建设，成立以校长为组长的课程研究小组，强化课程实施工作，采取边实践边研究、"请进来走出去"等多种形式，提高课程开发理论水平。打破传统的教学模式，创设平台，让学生参与劳动教育、德育教育实践活动，培养学生动手、动口、动脑的

习惯，培养良好的劳动习惯，进行未成年人思想道德建设教育活动，老师、家长、学生齐参与，围绕个人、家庭、学校、社会等生活领域，将"回归生活课程"特色课程的设计与实施作为立德树人的重要抓手，努力探索并完善了"回归生活"理论体系和课程架构。在对国家课程、地方课程整合的基础上，开发了"回归生活"特色课程群，每周安排两课时，每月主办一次"主题日"，通过"快乐烹饪""生活技能""亲子合作实践活动"三大途径来实施操作。教师爱生如子、团结协作、爱岗敬业、共同成长、业绩优秀，深受同事、学生、家长尊敬、拥护，得到社会、家长的一致好评。

狠抓教师队伍建设，形成和谐的师生研究团队，有效提高学校的教育教学水平。

第三节　培智学校劳动教育课程的目标内容

培智学校劳动教育课程的目标内容是多方面的，旨在通过劳动实践，提高学生的生活技能、劳动素养、职业适应能力和全面发展水平，为他们未来的生活和发展打下坚实的基础。

一、撰写劳动教育课程目标注意事项

劳动教育课程目标可以分为课程总目标和学段目标。在撰写的时候我们要注意一定要聚焦学生核心素养的培养，要围绕我们学生的学习能力及学习行为，明确学生在这门课程中将会学到什么东西，用什么方法学习，在什么样的环境、范围中学习什么，学习有什么收获或学习的质量如何，尽量让这门课程的目标具体化，使其变成可操作、可测量的目标。

二、实施案例

课程总目标、活动主题目标、单元目标、劳动项目、劳动项目知识、技能、情感目标如表4-1所示。

表4-1 "回归生活 劳技活动"课程目标

总目标	活动主题目标	单元目标	劳动项目	劳动项目知识、技能、情感目标
以劳动主题统整活动为主要实施途径，开展现代服务业劳动、简单生产劳动，培养学生的劳动意识和观念、劳动能力、劳动品质和习惯、劳动精神、满足日后生活需要的劳动素养，为日后回归生活打好基础	一果兴一乡主题活动：1.培养能协调运用肢体和感官参与活动的能力；2.培养初步学习职业知识和技能的能力；3.培养学科知识运用能力；4.培养回归主流社会的能力；5.培养学会使用现代技术电子产品进行网络销售的能力；6.培养整理与归纳的能力；7.培养学习社交技巧，加强与他人友好合作的能力；8.培养能根据他人的需求和情境作出恰当的行为表现的能力；9.培养学生珍惜劳动成果，积极参与劳动的品质，具有一定的质量意识、安全意识、审美意识、环保意识和法律意识	第一单元：采摘柑橘类水果 1.了解孕育贡柑的气候和贡柑品质。了解贡柑营养价值及功效。了解贡柑荣誉称号。认识贡柑的特点；2.认识果剪、手套、袖套、围裙、果篮五种工具。知道五种工具的作用。掌握五种工具的穿戴及使用方式。3.认识并学会穿戴摘果的装备，如手套、围裙、袖套、剪刀。采摘水果时要挑大而颜色均匀的。掌握采摘水果的手法，在果柄的3—4毫米处下剪	1.认识中华名果	知识目标：1.了解中华名果贡柑名字起源；2.了解孕育贡柑的气候和贡柑品质；3.了解贡柑营养价值及功效；4.了解贡柑荣誉称号；5.认识贡柑的特点 技能目标：能分辨出中华名果 情感目标：培养学生对事物的好奇心，使其乐于大胆探究
			2.认识水果采摘工具	知识目标：1.认识果剪、手套、袖套、围裙、果篮五种工具；2.知道五种工具的作用。 技能目标：掌握五种工具的穿戴及使用方式 情感目标：增强学生在劳动过程中自我保护的意识

续表

总目标	活动主题目标	单元目标	劳动项目	劳动项目知识、技能、情感目标
			3.我会采摘水果的方法	知识目标：1.认识并学会穿戴及使用摘果的装备，如手套、围裙、袖套、剪刀；2.采摘水果时要挑大而颜色均匀的；3.掌握采摘水果的手法，在果柄的3—4毫米处下剪。采摘时不拉枝拉果；4.采摘时，注意挑出烂果、坏果 技能目标：掌握采摘水果的方法 情感目标：培育学生劳动最光荣的精神；感受劳动成果来之不易的精神，珍惜劳动果实
			4.我会搬抬水果	知识目标：正确判断水果需要搬运的时机 技能目标：掌握独自或双人合作搬抬水果的方法 情感目标：培养学生独立自主和团结合作的良好品质
		柑橘类水果分拣与保鲜：1.了解水果分拣的意义。认识分拣水果大小的工具——卡尺。了解果径的概念。感受分拣水果的不易，尊重劳动人民的劳动成果；2.学会使用卡尺测量果径，通过果径判断水果的大小。学会喷水保鲜的方法和储存水果的方法。学会使用喷壶喷水；3.学会裁剪保鲜膜进行保鲜。学会裁剪大小适量的保鲜膜包裹水果	5.我会分拣水果的标准	知识目标：了解水果分拣的意义。认识分拣水果大小的工具——卡尺。了解果径的概念 技能目标：掌握分拣水果的两种标准 情感目标：感受分拣水果的不易，尊重劳动人民的劳动成果

续表

总目标	活动主题目标	单元目标	劳动项目	劳动项目知识、技能、情感目标
			6.我会分拣水果的方法	知识目标：掌握分拣水果的步骤和方法 技能目标：学会判断好果坏果。学会使用卡尺测量果径，通过果径判断水果的大小 情感目标：体会分拣水果的乐趣，培养热爱劳动的品质
			7.我认识水果保鲜工具	知识目标：认识保鲜膜和喷水保鲜法。了解其他保鲜水果的工具 技能目标：学会喷水保鲜的方法和储存水果的方法 情感目标：懂得水果从种植到收获过程的不易，珍惜粮食
			8.我会水果保鲜的方法	知识目标：了解水果保鲜的重要性 技能目标：1.学会使用喷壶喷水；2.学会裁剪保鲜膜，对水果进行保鲜；3.学会裁剪大小适量的保鲜膜包裹水果 情感目标：掌握保鲜方法，珍惜粮食

续表

总目标	活动主题目标	单元目标	劳动项目	劳动项目知识、技能、情感目标
			9.我会编辑线上售卖信息	知识目标：学会用电子产品编辑线上售卖信息 技能目标：掌握使用电子产品进行线上售卖的方法 情感目标：1.体会到线上售卖的乐趣；2.获得成交订单后的成就感
		柑橘类水果线上售卖：1.掌握使用电子产品进行线上售卖的方法；2.能准确地核对订单信息。学会使用纸箱、胶带等工具进行水果打包；3.掌握装水果、称水果、粘贴纸箱的技巧。学会水果邮寄的方法；4.掌握与快递站工作人员沟通订单信息的技巧。	10.我会接收线上订单	知识目标：1.学会接收线上订单；2.能准确地核对订单信息 技能目标：1.掌握与线上客户沟通的技巧；2.了解线上客户的需求 情感目标：体会到与他人在线上沟通的乐趣
			11.我会水果打包	知识目标：1.认识水果打包的工具；2.掌握水果打包的步骤方法 技能目标：1.学会使用纸箱、胶带等工具进行水果打包；2.掌握装水果、称水果、粘贴纸箱的技巧 情感目标：体会到水果邮寄的乐趣
			12.水果邮寄	知识目标：1.认识快递驿站；2.知道水果邮寄的步骤 技能目标：1.学会水果邮寄的方法；2.掌握与快递站工作人员沟通订单信息的技巧 情感目标：体会到水果邮寄的乐趣并能认真细致地进行邮寄。

续表

总目标	活动主题目标	单元目标	劳动项目	劳动项目知识、技能、情感目标
		柑橘类水果线下售卖：1.学会正确布置和整理水果摊位；2.学会使用计算机收钱找钱。学会微信、支付宝收款	13.我会售后服务	知识目标：学习售后的技巧 技能目标：售后宗旨是坏果包赔 情感目标：售后态度要有礼貌、有耐心、讲诚信，争取更多回头客
			14.我会整理摊位	知识目标：了解影响摊位客流量的因素 技能目标：学会正确布置和整理水果摊位 情感目标：懂得赚钱不易、细节决定成败的道理
			15.我会给水果称重	知识目标：认识电子秤的显示屏和按键区的功能键 技能目标：学会正确布置和整理水果摊位 情感目标：体验收银员和采购员的劳动日常
			16.我会收取水果款	知识目标：认识计算机 技能目标：1.学会使用计算机收钱找钱；2.学会使用微信、支付宝收款 情感目标：学会收钱，体验买卖成功的成就感

续表

总目标	活动主题目标	单元目标	劳动项目	劳动项目知识、技能、情感目标
		追梦新农人 巧手创未来：1.学会使用榨汁机；学会榨贡柑汁；学会果汁装杯摆饰 2.掌握制作柑枝玉叶过程中烹饪的技巧。能识别和判断农业、农人及新农人 3.学会使用剥橙器；学会使用剥橙器剥皮；学会看天气晾晒果皮学会剥贡柑皮	17.我会制作贡柑果汁	知识目标：了解榨贡柑果汁的工具和方法 技能目标：1.学会使用榨汁机；2.学会榨贡柑汁；3.学会果汁装杯摆饰 情感目标：感受榨果汁的成就感，愿意回家榨果汁给家人
			18.我会制作贡柑陈皮	知识目标：认识制作贡柑陈皮的工具，掌握制作贡柑陈皮的方法 技能目标：1.学会使用剥橙器；2.学会使用剥橙器剥皮；3.学会看天气晾晒果皮，学会剥贡柑皮 情感目标：体会制作贡柑陈皮的不容易，学会珍惜粮食
			19.我会制作柑枝玉叶	知识目标：1.认识柑枝玉叶；2.了解柑枝玉叶的制作过程；3.掌握制作柑枝玉叶过程中烹饪的技巧 技能目标：学会运用柑枝玉叶制作过程的烹饪技巧 情感目标：品味柑枝玉叶
			20. 新农人精神我来传	知识目标1.简单认识农人、农业、新农人的特征；2.学习柑橘类产业新农人事迹 技能目标：能识别和判断农业、农人及新农人 情感目标：体会新农人精神

续表

总目标	活动主题目标	单元目标	劳动项目	劳动项目知识、技能、情感目标
	一粉旺一城：1.培养传承当地特色小吃手艺并进行创新的能力；2.能够熟练地掌握烹调前的各种预制加工技术；3.培养学生的成就感和幸福感；4.培养学生珍惜粮食，热爱劳动，歌颂劳动人民的良好品质	认识竹篙粉：1.根据图片和视频提示认识竹篙粉文化2.学会使用炊具3.学会购买调料品4.学会挑选和购买糙米	1.认识竹篙粉文化	知识目标：1.了解竹篙粉的历史和传承精神；2.认识竹篙粉的制作方法技能目标：根据图片和视频提示认识竹篙粉文化情感目标：培养热爱家乡的情感，对家乡特色小吃感到自豪
			2.我认识炊具	知识目标：了解炊具的结构技能目标：学会使用炊具情感目标：增强学生在使用炊具过程中的自我保护能力，提高安全意识
			3.我会准备调料	知识目标：1.认识调料品；2.了解制作竹篙粉所需的调料技能目标：学会购买调料品情感目标：体验超市购物，培养学生社会交往能力和生活自理能力
			4.我会选糙米	知识目标：1.了解米的种类；2.认识制作竹篙粉的糙米。技能目标：学会挑选和购买糙米情感目标：体验购物乐趣，培养学生社会交往能力和生活自理能力

续表

总目标	活动主题目标	单元目标	劳动项目	劳动项目知识、技能、情感目标
		竹篙粉我来做：1.学习浸泡糙米的方法，掌握泡米的操作要点；2.掌握使用打浆机打米浆的操作方法和要领；3.掌握过筛的方法及技巧；4.学习使用炊具进行蒸煮的方法，掌握蒸煮竹篙粉的操作要领	5.我会浸泡糙米	知识目标：了解制作竹篙粉米浆的原理 技能目标：学习浸泡糙米的方法，掌握泡米的操作要点 情感目标：培养传承当地特色小吃的手艺
			6.我会打米浆	知识目标：认识打浆机 技能目标：掌握使用打浆机打米浆的操作方法和要领 情感目标：培养学生热爱劳动的品质
			7.我会过筛滤净	知识目标：认识过筛的工具 技能目标：掌握过筛的方法及技巧 情感目标：培养学生的劳动品质
			8.我会高温蒸煮	知识目标：认识蒸煮竹篙粉的工具 技能目标：学习使用炊具进行蒸煮的方法，掌握蒸煮竹篙粉的操作要领 情感目标：培养传承当地特色小吃的手艺

续表

总目标	活动主题目标	单元目标	劳动项目	劳动项目知识、技能、情感目标
		我是竹篙粉小达人：1.掌握晾凉竹篙粉的步骤，注意保持饮食卫生。学会刮出、拿出竹篙粉；学会均匀晾凉竹篙粉；2.掌握切竹篙粉的步骤和注意事项；3.掌握摆盘的技巧和注意事项	9.我会晾凉竹篙粉	知识目标：知道晾凉竹篙粉的步骤，认识晾凉竹篙粉的工具 技能目标：掌握晾凉竹篙粉的步骤，注意保持饮食卫生。学会刮出、拿出竹篙粉；学会均匀晾凉竹篙粉 情感目标：喜欢动手晾竹篙粉，培养动手操作的习惯
			10.我会切粉	知识目标：知道切竹篙粉的步骤，认识切粉的工具 技能目标：掌握切竹篙粉的步骤和注意事项 情感目标：喜欢动手切竹篙粉，培养动手操作的习惯
			11.我会摆盘	知识目标：认识摆盘需要的工具、知道竹篙粉摆盘的步骤 技能目标：掌握摆盘的技巧和注意事项 情感目标：培养动手实践的热情和摆盘的审美观、创新意识
			12.我会浇汁	知识目标：认识浇汁需要的工具、知道竹篙粉浇汁的步骤 技能目标：掌握浇汁的要领和注意事项 情感目标：培养品位和创新意识

总目标	活动主题目标	单元目标	劳动项目	劳动项目知识、技能、情感目标
		竹篙粉制作大比拼：1.认识白粥和竹篙粉；2.掌握清洗、切、炒猪杂的技能；3.掌握焖牛腩的步骤；4.掌握肉竹篙粉制作方法	13.我会制作白粥竹篙粉	知识目标：认识白粥和竹篙粉 技能目标：掌握白粥的制作方法 情感目标：白粥竹篙粉是传统美食，引导学生传承德庆传统文化
			14.我会制作猪杂竹篙粉	知识目标：学习制作猪杂竹篙粉的流程与注意事项 技能目标：掌握清洗、切、炒猪杂的技能 情感目标：体验劳动的不易，分享品尝美食的喜悦
			15.我会制作牛腩竹篙粉	知识目标：学习制作牛腩竹篙粉的流程与注意事项 技能目标：掌握焖牛腩的步骤 情感目标：体验劳动的不易，分享品尝美食的喜悦
			16.我会制作瘦肉竹篙粉	知识目标：认识瘦肉竹篙粉 技能目标：瘦肉竹篙粉制作方法 情感目标：瘦肉竹篙粉是传统美食，引导学生传承德庆传统文化

续表

总目标	活动主题目标	单元目标	劳动项目	劳动项目知识、技能、情感目标
		舌尖上的竹篙粉：1.初步学会义卖技巧；学会包装好竹篙粉；学会对客人提供贴心、周到的服务；2.学会跟他人合作沟通完成纪念品制作；学会从中选择适合自身的纪念品去制作；掌握简单的特色纪念品的制作技巧；端正制作过程中的态度，学会有耐心、细心、信心去完成任务。学会用心对待每一项手工制品，了解其中的不容易；3.学会简单的非遗项目文化的个别技巧；学会参与非遗项目当中，进行简单的角色扮演，担当起守护、宣传德庆非遗项目的责任，向周围人展示德庆非遗项目的名片	17.竹篙粉义卖	知识目标：认识义卖活动的流程，了解竹篙粉的特点和特征 技能目标：初步学会义卖技巧；学会包装好竹篙粉；学会对客人提供贴心、周到的服务 情感目标：体会卖东西的助人劳动喜悦感；知道食品安全背后肩负的责任感；学会尽职尽责地对待客人

续表

总目标	活动主题目标	单元目标	劳动项目	劳动项目知识、技能、情感目标
			18.制作竹篙粉纪念品	知识目标：了解纪念品的意义；了解可以用于制作竹篙粉纪念品的种类。了解和学习制作纪念品的步骤和技巧 技能目标：学会跟他人合作沟通完成纪念品制作；学会从中选择适合自身的纪念品去制作；掌握简单的特色纪念品的制作技巧 情感目标：端正制作过程中的态度，学会有耐心、细心、信心去完成任务。学会用心对待每一件手工制品，了解其中的不容易
			19.诵竹篙粉	知识目标：了解竹篙粉的特点；学习朗诵作品的简单技巧 技能目标：学会简单的朗诵技巧；初步学会与他人共同排练和合作过程中的相处之道 情感目标：了解德庆竹篙粉背后的人物、故事，对此抱有尊敬的态度和继承传统文化的责任感。学会用心感受朗诵作品所表现出来的感情

续表

总目标	活动主题目标	单元目标	劳动项目	劳动项目知识、技能、情感目标
			20.非遗成果我传承	知识目标：了解德庆的非遗项目；谈谈自身对个别德庆非遗项目的印象；体验部分非遗项目，了解非遗项目的技巧 技能目标：学会简单的非遗项目文化的个别技巧；学会参与非遗项目当中，担当简单的角色扮演担当起守护、宣传德庆非遗项目的责任，向周围人展示德庆非遗项目的名片 情感目标：感受非遗项目背后所承载的感情；学会聆听非遗传承人的诉说，感受非遗传承的不易

（由"回归生活 劳技活动"课程组全体成员提供）

第五章 培智学校劳动教育课程内容设计

根据《培智学校劳动教育课程标准》要求，劳动教育课程内容主要包括以下四个类别，自我服务劳动、家务劳动、公益劳动、简单的生产劳动。培智学校的劳动教育课程内容丰富多样，旨在全面提高学生的生活技能水平和自主动手能力，帮助他们更好地适应社会生活和工作。

第一节 培智学校劳动教育课程内容的设计理论与理念

培智学校劳动教育课程内容的设计应以学生为中心，注重实践与体验，强化评价与反馈，并结合学校特色和学生需求进行个性化教学。这样有助于培养学生的劳动技能和劳动习惯，提高他们的生活自理能力和社会适应能力，为他们未来的生活和发展奠定良好的基础。采用示范教学、实践操作、小组合作等方式，让学生在亲身体验中学习和掌握劳动技能。同时，还可以利用多媒体教学资源，如视频、图片等，辅助学生更好地理解和掌握教学内容。

一、课程内容设计理论

（一）陶行知生活课程理论

人民教育家陶行知先生在批判传统教育的基础上创立了生活教育理论，受杜威实用主义教育思想的直接影响，表现了两个重视：一是重视课程内容的社会生活性、实用性和时代性；二是重视课程对象，即儿童的兴趣和发展需要，重视儿童的活动，强调做中学。

根据生活教育理论，陶行知多次提到编写教材的要求，归纳起来主要有以下几个原则：第一，社会、个人及生活事业本体需要的原则。教材需兼顾社会需要、个体需要和兴趣以及学科发展本身的特点等；第二，以实际生活作中心的原则。教材内容是社会生活所需要的内容；第三，用处最大最多最急的事物在课程中占有优先权的原则；第四，生动有趣的原则，即教材的插图是活生生的，文字是生动的，内容是有趣的；第五，课程专家、学科专家、中小学教师以及出版专家共同参与的原则。

（二）新时代中国特色社会主义劳动教育观课程理论

2020年，中共中央、国务院印发《关于全面加强新时代大中小学劳动教育的意见》（以下简称《意见》），要求"把劳动教育纳入人才培养全过程，贯通大中小学各学段，贯穿家庭、学校、社会各方面，与德育、智育、体育、美育相融合"，为全面加强新时代劳动教育提供了根本遵循。

①新时代劳动教育体现了社会主义办学方向。马克思主义认为，劳动创造了世界，劳动创造了历史，劳动创造了人本身。新时代劳动教育是社会主义教育的重要内容，是我国教育体系不可缺少的一部分，是学校教育教学工作的重要一环。针对当前一些青少年不珍惜劳动成果、不想劳动、不会劳动，劳动教育正在被软化、弱化的现象，《意见》明确了劳动教育的定位，指出"劳动教育是中国特色社会主义教育制度的重要内容"。

②新时代劳动教育坚持综合育人理念。新时代劳动教育立足于人的整体性，融合多学科知识，对人、社会和自然进行整合，将理论知识有机融入现实社会，对学生健全人格发展起着重要作用。但是，一段时期以来，劳动的独特育人价值在一定程度上被忽视。《意见》充分肯定劳动教育具有树德、增智、强体、育美的育人价值，要求全党全社会必须高度重视，"坚持立德树人""把劳动教育贯穿于人才培养的全过程"。

③新时代劳动教育强调教育与劳动相结合。教育与劳动相结合是马克思主义教育的基本思想，也是我国《教育法》规定的明确要求。然而，由于应试教育的惯性作用，教育与劳动分离，导致一些学生身心发展失衡，不能健康成长。因此，《意见》强调劳动教育重点是要让学生在系统的文化知识学习之外有目的、有计划地参加劳动实践，出力流汗，实现知行合一，获得身心全面发展。

④新时代劳动教育兼顾传统劳动和新型劳动。当今社会，劳动仍然是人类社会赖以生存和发展的基础。掌握必备的劳动知识和技能，树立正确的劳动

观念，不仅有利于促进学生的全面发展，还有利于提升学生将来的生存能力和生活质量。另外，随着时代的发展，劳动的构成更加复杂多元，现代化、信息化、智能化的劳动内容不断增加。因此，《意见》强调要以日常生活劳动、生产劳动和服务性劳动为主，特别强调要结合产业新业态、劳动新形态，注重选择新型服务性劳动的内容。

⑤新时代劳动教育关注劳动素养的培养。传统劳动教育主要侧重教授学生与劳动有关的知识、技能、方法等，而忽视劳动价值观、劳动精神、劳动思维等更深层次素养的培养，容易导致"有劳动无教育"的现象，难以使学生养成终身热爱劳动、尊重劳动的良好品质。新时代劳动教育突破传统劳动教育局限，着眼于学生的终身幸福和全面发展，以培养学生劳动素养为核心，对"劳动精神面貌、劳动价值取向和劳动技能水平"进行全面建构。

（三）人本主义课程理论

人本主义课程论产生于20世纪70年代的美国，到目前，已经发展成为更加完善的一种新的课程观。人本主义心理学家马斯洛（A.Maslow）、罗杰斯（K.Rogers）等人强调学校教育要尊重学生的本性和需要，因此人本主义课程又称为人性中心课程。

人本主义课程理论的基本特色包括：

①人本主义课程以需要理论为基石，以自我实现的人格理想为法定的核心。课程的目的就是促进个人的成长和个人潜能的自我实现，进而促进人性的全面发展和人格的自我完善。

②强调人的情意发展和认知发展的统一，要求突出课程的情意基础，将教育内容和方法植根于情意的"土壤"之中。

③设置并行和合成课程，着眼于整体人格发展。

④注意课程的个性化，发挥学生的主体参与作用及社会的教育功能。

因此，基于人本主义课程理论，学校在课程决策时需要遵循以下原则：

①课程决策须尊重学生为前提，课程目标、内容及实施应适合于学生身心发展特点。

②课程决策应充分考虑课程内容与学生生活及社会现实的紧密联系。

③人本主义课程论强调整合的原则，在认知、情感和行为三者的相统一

的基础上，将知识课程与情意（体验）课程整合。

④课程决策应注意发挥儿童、家长及社区的积极参与作用，从而形成了一个包括显性课程和隐性课程在内的大课程观。

（四）差异发展观

差异发展是实现学生个性和谐发展的有效途径，也是学生全面发展的基础。马克思主义主张的"人的全面发展"不是指单个人的各种能力齐头并进，甚至取长补短的"一"字形发展，而是指每个人各种能力都应该得到充分自由的"川"字形差异的发展。这才是"全面发展"的真谛所在，差异教育下的差异发展是对马克思主义全面发展教育思想的正确理解和反映。差异发展离不开差异教学。差异发展观的理念需要相应的教学支撑体系，才有可能将理念转化为教学"生产力"。实质上素质教育就是差异教育。差异教学论为差异发展观提供了科学的教学理论基础，差异发展观将成为新课程教学改革中的核心观念。

二、设计理念

（一）关心学生未来，提高生活质量

设计适合学生身心发展的劳动教育课程，旨在让学生通过几年的学习，掌握一定的劳动技能，毕业后能够自理甚至可以独立或半独立，减轻家庭与社会的负担，能够为学生日常生活提高品质打下基础。

（二）发挥本土优势，彰显地方特色

以劳动主题统整活动为主要实施途径，把学生该具备的劳动技能、劳动品质习惯和素养进行了任务分解，选择体现有本地特色的教学内容。

第二节　培智学校劳动教育课程内容的设计原则与实施

培智学校劳动教育课程设计的内容应考虑到培智学生学完九年之后必须让学生学会哪些技能，达到哪些目标。每个学段的内容应依次递进，前后衔接。

一、课程设计的内容遵循的原则

（一）生活性原则

课程内容来源于生活，又服务于生活，学生学完这些内容后能够为培智学生日后的生活服务。

（二）系统性原则

课程内容适合培智学生的身心特点和能力特点，应选取适合培智学生现有水平的内容来实施，由易到难，分步骤实施，形成系统的课程内容结构。

（三）多样性原则

课程内容应兼顾全部学生，体现易、难两个程度，对于程度较重的学生应安排他们学习较容易的内容，程度较轻的学生在学完难度较低的课程内容后，应安排他们学习有难度的学习内容，激发学生潜能，帮助学生开阔视野。

（四）实践性原则

课程内容的设计应注重引导学生动手操作，亲身体验、参与每一项劳动，注重引导学生动手、动脑、动身、动口，在流汗中让学生亲身体会劳动带来的快乐，珍惜劳动成果，达到劳动育人的目的。

二、课程设计的内容应达到的目的

（一）设计的内容要达到育人的效果

培智学校劳动教育课程设计的内容应达到"以劳树德，以劳增智，以劳健体，以劳育美"的育人效果，培养学生观察、分析和解决问题的实践能力，锻炼和培养学生动手动脑的能力。结合天时、地利、人和，融合学校、家庭、社会，开展校内校外劳动教育和德育教育活动，使培智学生得到全面发展，并形成了和谐的师生团队。

（二）设计的内容要形成实践体系

以行动力培养目标，以课程化、序列化建设为重点，在学生完整的生活空间中展开策略研究的实践体系，形成凝心聚力、团结奋进的研究团队，有效带动全校老师的科研、业务知识的提升。以习近平总书记提出的劳动是一切幸福的源泉为理论指导，让学生学会主动参与劳动，形成自我服务意识，从服务自我生活入手，引导培智学生劳动实践走向生活，有必要培养培智学生的合作精神和劳动习惯，让他们具有独立的生活能力。让劳动走进生活，在实践中得以锻炼，在课程实施中得以成长。

（三）课程设计内容要以行动力的培养为核心

实现弘扬新时代劳动精神、促进学生全面成长的实践育人活动。包含劳动教育的德育功能和劳动教育对能力培养的促进作用，以及劳动教育在"五育"中的核心地位，促进特殊学生全面发展。

（四）课程设计的内容促进劳动教育教学改革的实施

注重学生的思想道德建设，顺应一年中不同时令、不同时间节点开展劳动教育活动，全方位渗透。与此同时，深度融合德育教育活动，树立学生的正确劳动观念。

三、实施案例

"回归生活"劳动教育课程低、中、高年级课程设计的内容如表3-1所示。

表5-1　劳动教育课程内容

低年段（1—3年级）劳动教育课程内容					
第一学期（9月1日至次年1月2日）					
学习主题	类别	年级	周次	内容	实施要求
自我服务劳动技能	使用物品	一年级	1	握笔	1.注意在劳动过程中进行思想品德教育，进而使学生得到全方位的发展 2.劳动的内容和分量要适应培智学生的能力水平和特点，根据学生能力的不同，安排差别化的教学内容，教师示范引领和同伴协作相互结合，让每个学生都有事做
			2	正确捏住橡皮擦	
			3	转动手摇卷笔刀	
			4	使用蜡笔等涂色	
			5	按住尺子不移位	
		二年级	1	使用铅笔	
			2	使用橡皮擦并保持桌面整洁	
			3	使用手摇卷笔刀	
			4	使用彩色马克笔涂色	
			5	使用尺子画线	

续表

学习主题	类别	年级	周次	内容	实施要求
自我服务劳动技能	使用物品	三年级	1	使用铅笔写字	
			2	使用橡皮擦擦拭错字	
			3	使用手摇卷笔刀、手动小型卷笔刀刨笔	
			4	使用彩色笔涂色	
			5	使用尺子画图形	
	整理物品	一年级	6	整理身上穿的上衣	
			7	整理身上穿的裤子	
			8	顺利穿好鞋子	
			9	拿好作业和通知书并放入书包	
			10	摆好书柜的水杯、玩具、文具等物品	
	整理物品	二年级	6	认识上衣、裤子	3.要与其他学科密切配合，相互促进，以提高整个教育质量 4.注意与家长保持密切的联系，争取他们的配合，达成家校合作 5.善于把劳动技能分解为多个小步骤来进行教学，采用任务分析法 6.注意说和做的密切结合，充分发挥劳动技能教育的纠正作用 7.精心准备，严密组织。教学活动开始前，制定详细的教案或方案、提前做好物品准备、沟通好人员安排及职责，必要时做好学校、家庭及社区的沟通
			7	叠上衣并放入书包	
			8	叠裤子并放入书包	
			9	整理笔盒、书本并放入书包	
			10	摆放书包中的水杯、雨伞	
		三年级	6	学会叠上衣	
			7	学会叠裤子	
			8	整理摆放衣物	
			9	整理笔盒	
			10	整理书本	

续表

学习主题	类别	年级	周次	内容	实施要求
自我服务劳动技能	洗涤物品	一年级	11	学会打开水龙头洗手	
			12	浸湿、搓洗抹布	
			13	用湿抹布擦黑板	
			14	擦拭巧立功、积木等大体积玩具	
			15	洗软体太阳积木等小体积玩具	
		二年级	11	学会用洗手液洗手	
			12	洗、拧、晒抹布	
			13	擦拭桌子、椅子、黑板	
			14	清洗海洋球、积木等大体积玩具	
			15	清洗雪花片等小体积玩具	
		三年级	11	学会七步洗手法、使用洗涤剂洗手	
			12	洗、拧、晒抹布	
			13	擦拭桌子、椅子、黑板	
			14	清洗魔方、积木等大体积玩具	
			15	清洗蘑菇钉等小体积玩具	
	移动物品	一年级	16	把书包、水杯放到书柜指定区域	
			17	对线摆齐桌子、椅子	
			18	摆放抹布、黑板擦等清洁工具	
			19	把图书、个人文具放入书柜	
			20	把玩具放回相应玩具盒内	8.注意安全，避免事故。校内安全、厨房安全等注意事项，在每次活动前，都要和学生强调，同时，活动中配备充足的师资，确保可以兼顾每个学生的安全，避免意外事故的发生
		二年级	16	摆整齐书包、水杯	
			17	对线摆整齐桌子、椅子	
			18	将扫把、拖把整齐摆放	
			19	将书本、本子等学习用品归类	
			20	分类摆放玩具	
		三年级	16	正确摆放书包、水杯	
			17	搬动桌椅，对线摆整齐桌椅	
			18	将清洁工具箱整齐摆放并归类	
			19	套垃圾袋、绑垃圾袋	
			20	分类摆放学习用品和玩具	

学习主题	类别	年级	周次	内容	实施要求
家务劳动技能	清洁整理	一年级	1	认识房间区域	1.以个体和家庭中心为主，进一步提高自我服务技能和家庭服务劳动的技能
			2	认识床、枕头和被子	
			3	认识门、窗	
			4	开、关灯	
			5	开、合柜子	
		二年级	1	认识自己的房间	
			2	认识床上用品	
			3	摆放床上用品	
			4	开、关窗户	
			5	开、关门	
		三年级	1	正确摆放床上物品	
			2	认识房间物品	
			3	安全使用电器	
			4	简单打扫房间：扫地、拖地、擦拭物品	
			5	正确开、关、锁门窗	
	厨房劳动	一年级	6	清洗草莓、苹果	2.通过清洁整理、厨房劳动、校内劳动、手工劳动，初步熟悉家庭学校的生活环境，熟知个人物品，能正确表达自己的活动意愿。在老师的引导下，认真观察活动情境，并做出恰当的行为表现
			7	清洗红枣、冬枣	
			8	清洗葡萄、提子	
			9	剥香蕉皮、橘子皮	
			10	把未加工的蔬菜放进菜篮子	
		二年级	6	认识碗、筷子、碟子	
			7	清洗碗	
			8	清洗筷子	
			9	清洗碟子	
			10	清洗苹果、梨	
		三年级	6	清洗生菜、菜心	
			7	清洗香葱、生菜	
			8	清洗碗并摆放好	
			9	清洗筷子并摆放好	
			10	清洗碟子并摆放好	

第二学期（2月15日至7月5日）

续表

学习主题	类别	年级	周次	内容	实施要求
其他劳动技能	校内劳动	一年级	11	认识扫把	
			12	认识拖把	
			13	拉上、拉开窗帘	
			14	开、关风扇	
			15	开、关空调	
		二年级	11	在教室扫地	
			12	在教室拖地	
			13	在操场扫地	
			14	开关灯、门窗	
			15	打水并给绿萝浇水	
		三年级	11	在教室扫地并正确使用垃圾铲	
			12	在教室拖地并正确使用拖把桶	
			13	扫、拖楼道	
			14	开关灯、门窗	
			15	了解绿萝属性并会浇水	
	手工劳动	一年级	16	认识剪刀	
			17	认识螺丝刀和螺母	
			18	会握剪刀	
			19	会拿螺丝刀	
			20	拿绳子对准珠子的孔	
		二年级	16	认识美工剪刀并会正确使用	3.养成规范的习惯，眼手脑配合完成操作任务
			17	使用剪刀剪短直线	
			18	使用剪刀剪长直线	
			19	串珠子	
			20	拧合盖子、玩具螺母	
		三年级	16	使用剪刀剪短直线	
			17	使用剪刀剪长直线	
			18	使用剪刀剪三角形和正方形	
			19	将珠子串成一条项链	
			20	拧合盖子、玩具螺母	

中年段（4—6年级）劳动教育课程内容					
4—6年级第一学期（9月1日至次年1月7日）					
学习主题	年级	周次	内容		实施要求
自理小达人	4—6年级	1	四年级	使用雨伞	1.能使用雨衣、雨具，整理床铺、衣柜等，能够掌握自理小知识并有一定自理能力
			五年级	使用雨衣	
			六年级	使用雨具	
		2	四年级	整理床铺	
			五年级	整理衣柜	
			六年级	整理浴室	
		3	四年级	整理书包	
			五年级	整理课桌	
			六年级	整理教室	
		4	四年级	穿鞋子	
			五年级	穿毛衣	
			六年级	穿棉衣	
家务小能手	4—6年级	5	四年级	使用空调	2.学会使用常用的生活用具、家用电器，会使用厨房用具，掌握基本的厨房劳动技能 3.熟悉学校和社区的生活环境，能够在教师的指引下参与活动，会清扫宿舍、校园等，到社区参加劳动，正确使用劳动工具并注意安全 4.学会倾听与表达，会使用办公用品，制作蜂蜜茶、种植简单绿植等，培养简单生产劳动技能
			五年级	使用电水壶	
			六年级	使用电冰箱	
		6	四年级	使用勺子	
			五年级	使用筷子	
			六年级	摆餐桌	
		7	四年级	洗青菜	
			五年级	洗茶具	
			六年级	洗碗	
		8	四年级	清洗电饭煲	
			五年级	清洗锅	
			六年级	打扫厨房	

续表

学习主题	年级	周次	内容		实施要求
助人 小雷锋	4—6 年级	9	四年级	清扫教室	
			五年级	清扫宿舍	
			六年级	清扫校园	
		10	四年级	修补图书	
			五年级	整理书吧	
			六年级	整理图书室	
		11	四年级	装饰黑板	
			五年级	贴窗花	
			六年级	擦门窗	
		12	四年级	社区扫地	
			五年级	社区除草	
			六年级	社区清洗	
生产 小标兵	4—6 年级	13	四年级	使用长尾夹	
			五年级	使用双面胶	
			六年级	使用订书机	
		14	四年级	制作蜂蜜桂花茶	
			五年级	制作蜂蜜柠檬茶	
			六年级	制作蜂蜜柚子茶	
		15	四年级	种绿萝	
			五年级	种多肉植物	
			六年级	种红掌	
		16	四年级	种白菜	
			五年级	种大葱	
			六年级	种生菜	

续表

学习主题	年级	周次	内容		实施要求
自理小达人（3月）	4—6年级	1	四年级	整理雨伞	1.在劳动过程中注意引导学生进行安全教育和品德教育 2.根据学习内容采用多种形式的教学方法，让学生具备一定的整理能力和养成整理雨具、叠衣服的好习惯 3.通过实践操作培养学生清洁电器的好习惯，注意在使用过程中保证学生安全 4.通过助人小雷锋活动，培养学生助人为乐的精神，锻炼学生的劳动能力
			五年级	整理雨衣	
			六年级	整理雨具	
		2	四年级	叠棉衣	
			五年级	叠棉裤	
			六年级	叠棉被	
		3	四年级	清洁桌子	
			五年级	清洁椅子	
			六年级	清洁书包	
		4	四年级	洗鞋子	
			五年级	洗毛衣	
			六年级	晾晒衣服	
家务小能手（4月）	4—6年级	5	四年级	清洁空调	
			五年级	清洁电水壶	
			六年级	清洁电冰箱	
		6	四年级	使用饭勺	
			五年级	使用汤勺	
			六年级	使用锁具	
		7	四年级	洗水果	
			五年级	切水果	
			六年级	制作水果拼盘	
		8	四年级	使用电饭煲	
			五年级	使用蒸锅	
			六年级	使用电磁炉	
助人小雷锋（5月）	4—6年级	9	四年级	清扫宿舍	
			五年级	清扫校园	
			六年级	清扫街道	
		10	四年级	包书皮	
			五年级	清洁书吧	
			六年级	清洁图书室	
		11	四年级	贴窗花	
			五年级	贴墙画	
			六年级	装饰教室	
		12	四年级	社区清扫	
			五年级	社区表演	
			六年级	社区搬运	

续表

学习主题	年级	周次	内容		实施要求
生产小标兵（6月）	4—6年级	13	四年级	剪纸	5.培养学生简单的生产劳动能力，激发学生的兴趣。注意在实施过程中要特别注意烤箱的使用，避免烫伤
			五年级	做手工花	
			六年级	制作纸盘画	
		14	四年级	烤热狗	
			五年级	烤红薯	
			六年级	烤玉米	
		15	四年级	种碗莲	
			五年级	制作碗莲手工	
			六年级	包碗莲花束	
		16	四年级	种生菜	
			五年级	种茄子	
			六年级	种西红柿	

高年段（7—9年级）劳动教育课程内容				
第一学期（9月1日至次年1月20日）				
主题	年级	周次	内容	实施要求
下午"么么茶"	七年级	1	学习使用电烤箱	1.在实施过程中注重培养学生热爱劳动的情感，培养学生良好的劳动习惯，提高劳动技能的综合运用能力 2.能熟练地制作简单的小点心和蜂蜜茶饮，培养学生的鉴赏能力
		2	烤香肠	
		3	制作蛋挞	
		4	制作面包	
		5	制作板栗饼	
	八年级	1	制作柠檬茶	
		2	制作珍珠奶茶	
		3	制作炸薯条	
		4	制作小蛋糕	
		5	制作烤鸡翅	
	九年级	1	认识蜂蜜	
		2	制作蜂蜜柚子茶	
		3	制作桂花蜂蜜茶	
		4	制作话梅蜂蜜茶	
		5	蜂蜜饮品鉴赏	

续表

主题	年级	周次	内容	实施要求
我有一双巧手	七年级	6	认识中药	3.正确认识中药，能够制作简单的中药香皂，认识木材，正确使用锤子等工具 4.在实施过程中熟悉电风扇拆、装技巧，养成敬老、爱老的良好品质 5.实施过程中引导学生，在劳动过程中遇到问题要学会解决。使用刀和火的过程中注意安全
		7	制作中药香囊	
		8	认识香皂	
		9	制作手工香皂	
		10	社区敬老活动：赠送中药香囊、手工香皂	
	八年级	6	木材的初步认识	
		7	木工常用手工工具的使用：锤子、钉子的使用	
		8	木工常用手工工具的使用：钢丝锯的使用	
		9	木工常用手工工具的使用：钢丝钳的使用	
		10	社区敬老活动：修理破损桌椅	
	九年级	6	安全用电	
		7	旋凿的使用	
		8	拆卸、安装电风扇	
		9	清洗电风扇	
		10	社区敬老活动：拆卸、清洗电风扇	
校外实践	七年级	11	"流动图书馆"志愿服务	
		12	学习垃圾分类	
		13	社会主义核心价值观活动体验	
		14	我是环保小卫士	
		15	参观劳动教育实践基地	
	八年级	11	使用简单的农具：簸箕的使用	
		12	使用简单的农具：镰刀的使用	
		13	擦洗铁锅	
		14	生火炉	
		15	青瓜炒三明治	
	九年级	11	使用简单的农具：挑担的使用	
		12	使用简单的载具：推车的使用	
		13	农耕体验	
		14	制作红烧鱼	
		15	美味大餐制作	

续表

主题	年级	周次	内容	实施要求
辞旧迎新	七年级	16	教室大扫除：天花板的清扫	6.掌握简单的家居清洁技能，学会采购零食、包元宵等，通过劳动了解辞旧迎新的寓意
		17	教室大扫除：班级物品的清洁	
		18	烧开水	
		19	泡茶	
		20	辞旧迎新：欢迎来我家做客	
	八年级	16	居家大扫除：拆卸窗帘	
		17	居家大扫除：清洗窗帘	
		18	年礼的采购：零食的采购	
		19	传统美食：包元宵	
		20	辞旧迎新：欢迎来我家做客	
	九年级	16	居家大扫除：辨识食品食用期限	
		17	居家大扫除：物品整理归纳	
		18	传统美食：包饺子	
		19	传统习俗：粘贴春联	
		20	辞旧迎新：欢迎来我家做客	

第二学期（2月15日至7月5日）				
主题	年级	周次	内容	实施要求
快乐种植	七年级	1	布置班级植物角	1.在实施过程中注意渗透护绿行动，培养学生的种植兴趣和种植技巧
		2	种植绿萝	
		3	种大葱	
		4	学习锄头的使用方法以及锄地的方法	
		5	争做种植小能手	
	八年级	1	布置班级植物角	
		2	种大蒜	
		3	种胡萝卜	
		4	松土劳动实践	
		5	争做种植小能手	

续表

主题	年级	周次	内容	实施要求
快乐种植	九年级	1	布置班级植物角	
		2	种香菜	
		3	豆芽种植	
		4	播种劳动实践	
		5	争做种植小能手	
小小志愿者	七年级	6	校园操场清扫活动	2.通过在学校、社区践行雷锋精神，培养学生实践动手的能力和乐于助人的良好品德 3.通过做家务、为父母做一件事，体会父母的艰辛，活动前应充分准备，引导学生在劳动实践过程中学会感恩父母
		7	办公室清扫活动	
		8	福利院清扫活动	
		9	帮同学一个小忙	
		10	我是小雷锋	
	八年级	6	学校周边清扫活动	
		7	功能室清扫活动	
		8	关爱孤寡老人之清扫活动	
		9	帮家人一个小忙	
		10	身边的活雷锋	
	九年级	6	社区清扫活动	
		7	自行车修理铺帮工	
		8	裁缝店帮工	
		9	帮陌生人一个小忙	
		10	践行雷锋精神	
感恩父母恩	七年级	11	制作节日贺卡	
		12	收拾房间	
		13	陪家人去买菜	
		14	我会洗鞋子	
		15	为父母洗脚	

续表

主题	年级	周次	内容	实施要求
感恩父母恩	八年级	11	串项链或手链	
		12	打扫家庭卫生	
		13	做厨房里的小帮手	
		14	我会洗衣物	
		15	为家人冲茶	
	九年级	11	做手工花束	
		12	美化、装饰房间	
		13	做一顿简单的晚餐	
		14	我会晾衣服	
		15	感恩行动	
美味餐饮	七年级	16	学习使用灶具	4.掌握日常餐饮的制作技巧,学会几种简单的食材加工技能。能与他人友好合作。为接受职业教育做准备
		17	蒸饺子	
		18	我会煎蛋	
		19	煮面条	
		20	炸云吞	
	八年级	16	切块、切丝练习	
		17	制作酸辣土豆丝	
		18	炒肉片	
		19	制作凉拌青瓜	
		20	制作土豆烧鸡	
	九年级	16	制作紫菜蛋花汤	
		17	制作西红柿炒鸡蛋	
		18	制作酿三宝	
		19	制作香煎西江鱼仔	
		20	制作焖本地鸭	

（由特殊教育教研组提供）

四、实施案例

"回归生活 劳技活动"七年级内容设计。

劳动领域	活动主题	子活动	活动内容	课时	周次	适用学期
简单生产劳动	一果兴一乡	采摘水果	1.认识中华名果	1	第一周	第一学期
			2.认识水果采摘工具	1	第二周	第一学期
			3.我会采摘水果的方法	1	第三周	第一学期
			4.我会搬抬水果	1	第四周	第一学期
		水果分拣与保鲜	5.我知道分拣水果的标准	1	第五周	第一学期
			6.我知道分拣水果的方法	1	第六周	第一学期
			7.我认识水果保鲜工具	1	第七周	第一学期
			8.我知道水果保鲜的方法	1	第八周	第一学期
简单生产劳动	一果兴一乡	水果线上售卖	9.我会编辑线上售卖信息	1	第九周	第一学期
			10.我会接收线上订单	1	第十周	第一学期
			11.我会水果打包	1	第十一周	第一学期
			12.水果邮寄	1	第十二周	第一学期
			13.我会售后服务	1	第十三周	第一学期
		水果线下售卖	14.我会整理摊位	1	第十四周	第一学期
			15.我会给水果称重	1	第十五周	第一学期
			16.我会收取钱款	1	第十六周	第一学期
		追梦新农人 巧手创未来	17.我会制作贡柑果汁	1	第十七周	第一学期
			18.我会制作贡柑陈皮	1	第十八周	第一学期
			19.我会制作柑枝玉叶	1	第十九周	第一学期
			20.新农人精神我来传	1	第二十周	第一学期

续表

劳动领域	活动主题	子活动	活动内容	课时	周次	适用学期
现代服务业劳动	一粉旺一城	认识竹篙粉	1.认识竹篙粉文化	1	第一周	第二学期
			2.我认识炊具	1	第二周	第二学期
			3.我会准备调料	1	第三周	第二学期
			4.我会选糙米	1	第四周	第二学期
		竹篙粉我来做	5.我会浸泡糙米	1	第五周	第二学期
			6.我会打米浆	1	第六周	第二学期
			7.我会过筛滤净	1	第七周	第二学期
			8.我会高温蒸煮	1	第八周	第二学期
		我是竹篙粉小达人	9.我会晾凉竹篙粉	1	第九周	第二学期
			10.我会切粉	1	第十周	第二学期
			11.我会摆盘	1	第十一周	第二学期
			12.我会浇汁	1	第十二周	第二学期
		竹篙粉制作大比拼	13.我会制作白粥竹篙粉	1	第十三周	第二学期
			14.我会制作猪杂竹篙粉	1	第十四周	第二学期
			15.我会制作牛腩竹篙粉	1	第十五周	第二学期
			16.我会制作瘦肉竹篙粉		第十六周	第二学期
		舌尖上的竹篙粉	17.竹篙粉义卖	1	第十七周	第二学期
			18.制作竹篙粉纪念品	1	第十八周	第二学期
			19.诵竹篙粉		第十九周	第二学期
			20.非遗成果我传承		第二十周	第二学期

第六章 培智学校劳动教育课程的资源设计

劳动教育是培养学生实践能力和劳动技能的重要途径。劳动教育课程的资源设计有助于学生更好地学习好本课程。培智学校劳动教育活动可以锻炼培智学生的劳动技能，培养培智学生的劳动品质。在设计劳动教育活动时，需要考虑学生的年龄、兴趣爱好、能力水平等因素，并注重劳动的安全性和有效性。同时，活动应该与学校课程和教学目标相结合，使学生能够将所学知识和技能应用于实际劳动中。培智学校劳动教育课程的资源设计有活动设计、教学用书设计、教学方案设计、学生成长袋设计、微课设计、课件设计、微视频设计等。

第一节 培智学校劳动教育课程的活动设计

活动设计根据学生实际以及学校现有的条件设计适合学生身心健康发展的活动。例如，可以组织开展实践操作类活动，让培智学生亲身体验和实践，组织学生开展社会实践类活动，让学生尽早走进社会参加义务劳动。

（一）设计背景

1.设计目的

营造温馨和谐的校园氛围，增进教师与学生的情感交流，提高学校教育课程育人质量，促进培智学生健康成长，推动本区域特殊教育公平融合高质量发展。通过系列劳动教育活动，增强学生的团队意识，通过主题活动中的团队合作，培养学生互相支持，共同努力的精神，提升团队的凝聚力、自信心和沟通能力。

2. 价值和意义

主题活动的开展是学校课程建设的重要探索。通过开展各种趣味的活动引导培智学校的学生形成正确的劳动观念和人生价值观，激发他们共同探索和尝试的积极性。打造鲜明特色的教育特色文化，在校园中对校内的师生进行潜移默化的影响，进而影响学生们的道德素质和品质。

（二）主题活动设计实施案例

活动设计1："追梦新农人 巧手创未来"主题教育活动设计

学生们纷纷化身制作小达人，在活动过程中大放异彩，收获颇丰。一起去现场看看吧~活动现场本次劳技活动主要分为三个环节：制作沃柑陈皮、制作沃柑果汁、制作肇庆名菜：柑枝玉叶。

陈皮是柑橘类水果经过干燥处理后的果皮，是一味中草药，有理气健脾、燥湿化痰的功效。沃柑属于春橘的一种，其果皮颜色鲜艳，厚度适中，可以用来制作陈皮。

要想得到整齐好看的果皮，需要一只手拿沃柑，另一只手套好剥皮器，掌握好力度从沃柑顶端往下，划出几条缝，然后顺着缝隙剥开沃柑皮。快来瞧，大家的动手能力可真不错呢！

制作沃柑果汁，可以用上一个环节剥出来的果肉。在使用榨汁机时，掌握榨果汁的技巧以及了解榨果汁的注意事项是必不可少的，同学们积极参与，接下来请品尝酸甜可口的果汁吧！

柑枝玉叶是很考验刀工的，这道肇庆名菜，需要先把沃柑切出篮子的形状后把果肉去掉，再把炒好的菜装进去，香味扑鼻的虾仁炒韭菜，与沃柑篮子的清香相互交融，令人食指大动，快来一睹小厨师们的风采吧！师生们增长了见闻，掌握了柑皮、柑汁和柑枝玉叶的制作技巧，锻炼了精细动作能力和创新能力。

活动开展培养了学生专心致志、珍惜成果的劳动品质，为弘扬本地的柑橘文化添砖加瓦，赋能增色，如图6-1所示。

图6-1 "追梦新农人 巧手创未来"主题教育活动

活动设计2：深挖乡土教育资源，传承本土传统文化
——"竹篙粉制作大比拼"专题教育活动设计

为进一步促进特殊教育地方课程建设，促进特殊教育课程与地方特色文化的结合，同时，秉持着培养学生形成良好的劳动精神、劳动能力和劳动品质，让学生从生活自理走向生活中的自立、自强、自信，助力学生职业发展，广东省特殊教育精品课程建设"回归生活 劳技活动"项目由广东省教育厅立项，该项目构建具有本地特色的特殊教育地方课程体系，已取得了显著的成果。根据精品课程项目计划安排，举行"竹篙粉制作大比拼"专题教育活动。值得提醒的是开展此类活动首先要成立活动领导小组，制定详细活动方案，既分工又合作，注意活动过程中的安全事项，做好活动宣传与反馈工作。

同学们头戴厨师帽、身披围裙……纷纷化身小厨神，在竹篙粉制作中大展身手，我们一起去现场看看吧！

本次竹篙粉大制作共分为五个环节：我切竹篙粉、我会制作辣椒酱油拌粉、我会制作猪杂竹篙粉、我会制作牛腩竹篙粉、我会制作瘦肉竹篙粉。

环节一：我切竹篙粉，如图6-2所示。

同学们准备完毕，开始了第一轮比拼"我会切竹篙粉"。9名学生每人一张案台，同学们在指导老师的帮助下都能够均匀地切好竹篙粉，并将它们全部放进碟子里。

图6-2 切竹篙粉

环节二：我制作辣椒酱油拌粉，如图6-3所示。

制作辣椒酱油拌粉，可以用上一环节中切好的竹篙粉。简单的食材往往只需要最朴素的烹饪方式。同学们用辣椒酱油和辣椒醋来拌匀竹篙粉，用简单的调味品制作出美味的竹篙粉。

图6-3 制作辣椒酱油拌粉

环节三：我制作猪杂竹篙粉，如图6-4所示。

在制作猪杂竹篙粉前必不可少的是清洗猪杂，同学们在老师的指导下进步飞速呢。大部分同学都学会使用面粉和食盐来清洗猪杂，会使用刀具来切块猪杂。一碟碟生猪杂已准备就绪，小厨神们陆续打开煤气炉、放油、倒猪杂、翻炒、调味、摆盘，一碟碟色香味俱全的猪杂竹篙粉就出锅了，扑鼻的香味是对同学们厨艺的大力肯定。

图6-4　制作猪杂竹篙粉

环节四：我制作牛腩竹篙粉，如图6-5所示。

在已制作猪杂竹篙粉的基础上，小厨神们再接再厉，相继制作了牛腩竹篙粉。Q弹爽口的竹篙粉和入味浓郁、口感韧中带滑的牛腩碰撞出美味的火花。

图6-5　制作牛腩竹篙粉

环节五：我制作瘦肉竹篙粉，如图6-6所示。

瘦肉竹篙粉比较考验小厨师们对火候的掌握，多一分则太老、少一分则不熟。令人惊喜的是，我们的小厨神都能很好地把控火候，经他们手出锅的瘦肉，不老不柴，嫩滑可口。又薄又嫩的瘦肉盖在晶莹的竹篙粉，令人食指大动。

图6-6　制作牛腩竹篙粉

通过这次大比拼活动，同学们学会了如何切竹篙粉，如何制作辣椒酱油拌粉、猪杂竹篙粉、牛腩竹篙粉、瘦肉竹篙粉。在动手操作中习得技能、培养厨艺，同学掌握了切粉、拌粉、炒猪杂和瘦肉的技巧，也大大提升他们的厨艺，相信未来同学们能制作出更加美味的竹篙粉！同学们在活动过程中陶冶了情操、提升了团队精神。在制作美味竹篙粉的过程中，互相配合、提升团队合作精神，在品尝竹篙粉的同时学会分享和爱。在实践中感受粮食的来之不易，懂得了珍惜粮食。

活动设计3：研学活动，让生命有温度——研学旅行活动实施案例

一、教学目标

①培养学生的实践能力和创新精神，使学生充分认识参加社会实践活动的重要意义，增强学生参与社会实践活动的主动性。

②利用德庆县青少年实践基地场所，让学生进行劳动，从除草、松土、种菜、浇水，洗菜、切菜、做饭、炒菜，收拾餐桌、木工、剪纸等方面进行实践，体验和感悟健康的生活方式与精神追求。

③培养学生的社会责任感、实践能力和创新精神，使学生能够融入社会，感悟生活。

④注重劳动教育与德育教育有机融合，整体推进，逐步深入，实现劳动教育的目标，落实立德树人的根本任务。

二、课题选择

根据学校的文化特色建设，"学会生活技能"是我校素质提升项目之一，联系教学工作的实际情况，经过学校行政讨论、教师讨论、学生意愿等程序，决定组织我校师生35人赴德庆县青少年综合实践基地、研学实践教育基地、爱国主义教育基地开展系列研学活动。目的在于推动学校教育与社会实践相结合，提高学生劳动实践操作能力、人际交往能力、协作能力、组织能力和操作能力以及适应环境的能力。

三、活动准备

①活动前，学校组织参加活动的同学进行安全、文明礼仪教育，增强学生参与社会实践活动的自觉性和主动性。

②分组情况：

第一组：蔬菜种植组（组长）陈文彬，组员10人，在老师的指导下，需要准备菜苗100棵、水桶4个、锄头4个、铲子2个。

第二组：烹饪组（组长）崔益华，组员10人，在老师的指导下准备活动当天中午40人的午饭材料，大米15斤、肉、青菜、花生油、盐、酱油等适量。

第三组：木工制作组（组长）徐浩宇组员10人，需事先在课堂上学习木工制作小板凳的方法，小组合作形式制作小板凳。

③各小组的指导老师在活动出发前要准备好小组活动所需材料。

④预约好2020年肇庆市普法讲师团（德庆分团）准时到实践基地进行宣讲、安排好德庆县学宫爱国主义基地教育活动、瞻仰爱国名相李纲、培养爱国情怀主题教育活动。

⑤提前联系车辆，购买相关师生保险。对相关活动流程进行指导。活动前做好与家长沟通联系工作，参加活动的学生自带水杯、帽子等。少先队大队准备好活动需用的大队旗、中队旗、活动横额等。

四、活动实施

2020年10月22日，我校组织师生到德庆县青少年综合实践基地开展题为"研学活动，让生命有温度——研学旅行活动"，活动内容丰富，以小组合作的活动方式为主，培养了孩子动手操作能力，增强了小组合作意识。

（一）劳动实践活动

①农耕体验活动：利用今次活动机会，老师带着孩子与大自然来个亲密接触，手把手教会孩子的基本劳动，体会劳动的辛苦与快乐，增加了生生间的互动，提升综合能力的维度。整个活动学生在老师的指导下认真地完成从翻土、除草、种植、到浇水等程序，并乐在其中。首先是学会怎样除草。由老师亲自示范，指导孩子们要怎样去除草，田埂上的可以用锄头除草，菜苗中间的需要用手去拔草，同学们兴致勃勃地拿起锄头除草，很快就把小草给除完了。接下来，老师又教同学们如何松土、如何给菜苗浇水等等，每个人脸上都洋溢着劳动的兴奋和喜悦。劳动最光荣，走出课堂让孩子们真正亲近大自然，认识农作物，让他们亲身体验农民劳作的辛苦，通过开展农耕体验活动，让同学们学会珍惜粮食，养成勤俭节约的良好生活习惯，如图6-7所示。

图6-7 农耕体验活动

②烹饪活动：现在的孩子大多数都是衣来伸手、饭来张口的"小公主""小王子"，为了培养同学们的动手能力，首先把同学分成三组，一组洗青菜，一组切菜，一组清洗厨房用具。处理好食材以后，指导老师亲自示范如何炒菜，从热油、翻炒到调味、装盘。同学们用直观的方式了解了一道菜肴是怎样产生的，明白了原来要经过这么多道工序才能吃到美味可口的饭菜。同学们在学习的过程中深深体会到父母的不容易，他们纷纷表示以后都不会嫌弃父母做的饭菜不好吃了，不会再浪费食物了。在老师的指导下，8个同学齐心协力，从摘菜、洗米、切肉、煮饭、炒菜、分饭、分菜等工序中体会劳动的艰辛与快乐，做好了4桌饭菜，顺利完成了任务。午饭后同学们收拾碗筷、打扫卫生等，如图6-8所示。

图6-8　烹饪活动

③木工制作活动：指导老师从最基本的选材开始教起，引导学生选择什么工具、怎么应用、选什么材料、怎么加工、怎么组装、怎么做的更有创意，为什么要这样做等。接着老师在实际操作中做示范，教同学们如何正确运用自己的力量去操作工具，并学习使用常用的木工工具，掌握简单的木工技术，利用木工室的板材和半成品，设计和制作简单的木工制品，提高学生动手实践能力，如图6-9所示。

图6-9　木工制作活动

（二）法治教育活动

2020年肇庆市普法讲师团（德庆分团）经青少年综合实践基地开展宪法法律宣讲活动，由德庆县普法办欧惠敏主讲，开展青少年法治教育课堂。通过开展宪法法律宣讲活动对学生进行法律和思想教育，通俗地、多角度地对学生进行毒品的危害教育，让学生从小学会拒绝毒品，珍惜生命。我校学生基本上都树立了知法、守法光荣，违法、犯法可耻的观念，我们学校将继续加强对学生进行法律教育，使法律教育经常化、规范化、行为化，力争把每个学生都培养成遵纪守法的好公民，如图6-10所示。

图6-10　法治教育活动

（三）爱国主义基地教育活动

①参观德庆县孔庙爱国主义基地教育活动：在教师的带领下同学们了解学宫的历史，认识这座庄严的古建筑群由大成殿、崇圣殿、尊经阁、乡贤祠、杏坛等建筑组成，占地面积八千多平方米，是我国元代木构建筑的瑰宝，培养学生从小要热爱祖国的脊髓文化。德庆学宫，坐落在广东省西江之滨的德庆县城。始建于宋朝大中祥符四年（公元1011年），元朝大德元年（公元1297年）重建。由石栏、棂星门、泮池、大成门、杏坛、东西庑、大成殿、名宦乡贤祠、崇圣殿、尊经阁和尊圣义祠等组成，是一组庄严、雄伟的古代建筑群，是全国重点文物保护单位。同学们在这里，感受到了浓浓的孔子儒家传统文化。

②参观德庆县三元塔爱国主义基地教育活动：通过开展瞻仰爱国名相李纲、培养爱国情怀主题教育活动，让学生认识历史人物，热爱自己的家乡，培养爱国情怀，在参加完劳动教育之余，真正把德育教育融入活动中，达到立德树人的目的，如图6-11所示。

图6-11　爱国主义基地教育活动

五、汇报展示

研学旅行让我学会了剥玉米

德庆县启智示范学校启智（6）班　陈文彬

星期四早上，阳光明媚，太阳高照。我的心里既兴奋又开心，一大早就来到学校，参加学校组织的研学活动。

我们坐了半个小时的大巴车，终于到达了研学的目的地——德庆县青少年综合实践基地。老师告诉我们本次研学活动的主题：研学活动，让生命有温度，本次研学旅行活动分别有三个项目：劳动实践活动、法治教育活动、爱国主义基地教育活动。

我印象最深刻的是劳动教育实践的烹饪活动了，我们要制作鸡翅炒玉米、土豆焖鸭、番茄炒蛋、青瓜炒三明治四个菜。在听完老师的指导后，我们小组开始工作了，制作第一道菜鸡翅炒玉米，首先学习剥玉米，对于平时很少劳动的我来说是多么的困难啊，在同学的帮助下我终于学会剥玉米粒了。训练学习完后，我们还举行了剥玉米比赛，选出6名同学参加，我们全班同学使劲喊着"加油，加油！"最终我获得了第二名的好成绩。

这次研学旅行真开心啊。

愉快的一次研学旅行

德庆县启智示范学校启智（6）班　徐永杰

我们的学校为我们组织了一次研学旅行，听到了这个消息，我们都十分激动。

我们早早地背起书包来到了学校。出发前校长的讲话让我倍感亲切的同时也告诉自己一定要时刻牢记自己是德庆县启智示范学校的一员，一定要带着满满的收获回来。

我们排成两列，向巴士走去，在汽车行驶的过程中，我们有说有笑，这时老师为我们讲解龙湖公园，龙湖公园是我们德庆最美且唯一的湖。

我们坐着巴士很快就来到了青少年综合实践基地，在那里可以作农耕体验、可以木工制作、传统剪纸、修理自行车、烹饪活动等。上午我们进行了除草、松土、种菜、浇水，接着又进行烹饪活动，我还帮忙洗青瓜、端菜等活动，同学和老师都夸我是个好孩子呢。真累呀，这回可体会到农民伯伯的辛苦了。

下午我们参观了德庆孔庙和三元塔，让我知道了有着悠久历史的孔庙和三元塔，明白了作为小学生要保护好自己国家的文物。这次活动让我体会到了农民的辛苦，同时也让我明白，不认真学习，不热爱劳动就没有未来，我一定好好学习，长大后报效祖国。

六、活动反思

走出课堂让孩子们真正亲近大自然，认识农作物，让他们亲身体验农民劳作的辛苦，通过开展"蔬菜种植活动"，让同学们学会珍惜粮食，养成勤俭节约的良好生活习惯。开展宪法法律宣讲活动、德庆县学官爱国主义基地教育活动、开展瞻仰爱国名相李纲、培养爱国情怀主题教育活动，通过开展系列的研学活动，实现劳动教育的目标，落实立德树人的根本任务。让学生在劳动中实践、在劳动中成长，通过劳动实践体验，使学生形成正确的劳动态度，掌握简单的劳动技能，具备一定的社会适应能力达到"以劳树德，以劳增智，以劳健体，以劳育美"的德育教育目的，着重锻炼和培养学生观察、分析和解决问题的实践能力，锻炼和培养了学生动手动脑的能力，让学生学会生存学会生活，培养学生自立、自强、自信的良好品质，为日后回归社会打下良好的基础。

活动设计4：我们的节日
——"品味端午 传承文明"端午节主题活动实施案例

一、活动背景

五月初五是中国的传统节日——端午节。在这一天，粽子飘香，古风流长，为进一步引导广大少先队员了解和感受中华传统节日文化，更好地继承和弘扬中华优秀传统美德。在端午节来临之际，德庆县启智示范学校联合德庆县德城镇第三小学组织全体师生开展"品味端午 传承文明"主题教育活动。

二、活动目标

①端午节是中国的传统节日，通过端午节活动让学生更加了解中国的传统节日，用心去体验我国的传统节日中蕴涵的意义，更好地继承和弘扬中华优秀传统美德。

②通过端午节来怀念屈原，纪念秋瑾。借端午节让学生从不同的角度感受节日的意义，激发他们的想象力以及正在形成的民族正义感和爱国情操，激发学生的探索创造精神。

三、活动内容

（一）通过主题班会了解端午节的由来

①农历五月初五是什么节日？（端午节）

②那么，你们知道端午节的来历吗？

③学生讲述端午节的起源故事。

④一起收看端午节各地的风俗习惯视频。

（二）开展"品味端午 传承文明"包粽子活动

①学校后勤部准备好材料：糯米、去皮绿豆、猪肉碎、粽叶、粽绳。

②6月24日上午组织部分师生及家长志愿者在学校小广场开展包粽子活动。

四、活动亮点

①充分发挥学生乐于参与的主动性，利用主题班会向全体学生宣传了端午节的知识，让学生了解农历五月初五是什么节日，通过视频知道端午节的由来、起源故事以及端午节各地的风俗习惯等。

②精心组织"品味端午 传承文明"包粽子活动，充分让学生在动手包粽子的活动中了解端午、认同端午、喜爱端午、过好端午。

五、活动实施

端午节起源于春秋战国时期，距今有两千多年的历史，是中华民族的传统节日。为了让学生更加了解中国的传统节日，用心去体验我国的传统节日中蕴涵的意义，更好地继承和弘扬中华优秀传统美德，激发他们的想象力以及正在形成的民族正义感和爱国情操。

（一）活动准备

①各班组织开展主题班会活动，端午节的起源故事，一起收看端午节各地的风俗习惯视频。

②由学校家长义工队组织人员到学校附近的山丘摘取包粽子用的粽叶，分工合作，如图6-12所示。

图6-12　家长义工们在开心地在山上采摘粽子叶

③准备要包粽子用的叶子、糯米、猪肉，如图6-13所示。

图6-13　准备要包粽子用的叶子、糯米、猪肉

（二）活动过程

①学校的家长义工、师生与普校的孩子一起包粽子，如图6-14所示。同学们认真地学习包粽子，一片片清香的粽叶、一粒粒晶莹的糯米，在同学们一双双巧手下变成了一个个诱人的粽子，同学们看到自己的劳动成果，一脸自豪。分享现场，欢声笑语，其乐融融。活动中看到同学们心灵手巧的一面，感受到学生参与的热情、强烈的表现欲望以及作为一名新时代的少年对信息、资料的搜集能力。同学们近距离接触了端午节，对它有了更深的认识。

图6-14　学校的家长义工、师生与普校的孩子一起包粽子

包粽子的方法：首先将粽叶折成漏斗形，然后在漏斗形的粽叶里放入适量的糯米、去皮绿豆以及肉馅，接着用大拇指和食指按住粽叶的两边把那个比较长的粽叶向糯米这边压成一个三角形嘴，最后将粽叶包好后用准备好的绳子把它绑紧，师生、家长义工的劳动成果就做成了，如图6-15所示。

图6-15 师生、家长义工的劳动成果

②开展爱融合：中华经典诵读活动

第三小学的师生志愿者到启智示范学校开展"品味端午 传承文明"开展爱融合——中华经典诵读活动。首先是第三小学的师生志愿者与启智校的孩子们共同朗诵端午节诗词，传承传统文化精髓。同时第三小学的师生志愿者把煮熟的粽子、饼干、牛奶、学习用品派发给启智学校的孩子们，让他们在端午节感受到大家庭的文明，从而促进普特融合教育活动的开展，更能够让普校的师生体会到要关心弱智群体、要有一颗仁爱之心，如图6-16所示。

图6-16 爱融合——中华经典诵读活动

六、活动总结

本次活动家长志愿者的热情参与，加强了家校合作的紧密性。活动中同学们与普校的学生自己动手包粽子，大大提升了自身的动手能力。活动的开展对未成年人的思想道德建设有了极大的推动作用，同时培养了学生的民族自信心和自豪感，增强了道德情感，培养了新时代好少年的爱国情怀。

第二节 培智学校劳动教育课程的教学用书设计

培智学校劳动教育课程以"为培养学生有用的生活技能"为核心，以劳动主题统整活动为主要实施途径，把学生该具备的劳动技能、劳动品质习惯和素养进行任务分解，逐步递进，把劳动教育与德育、智育、体育、美育相融合，从学生身心发展特点和兴趣、家长期望以及当地的优秀文化和资源背景而开展的体验式劳动教育，学生将来能参与家族或社区简单的生产劳动，培养学生形成良好的劳动精神、劳动能力和劳动品质，让学生从生活自理走向生活中的自立、自强、自信，为日后回归社会打下良好的基础。

培智学校劳动教育课程教学用书的设计是一项非常重要的任务，它是支持教师的教学目标的，帮助培智学生有效地学习和理解知识的。教学用书的设计应该根据教师和学生的需求进行个性化研制，根据不同学科、年级和培智学生群体的特点，灵活调整和优化教材设计。所以我们在编制教学用书时应该遵循以下原则。

一、布局合理，主题内容应该体现梯度和螺旋上升及科学性

在课程结构设计上遵循学生身心发展的阶段特征和依据《培智学校义务教育劳动技能课程标准（2016年版）》。坚持国家课标引领，根据学生日后回归生活的实际需要，例如，在编制学校劳动教育精品课程时根据当地的文化及学生的实际情况设计了以"现代服务业劳动、简单生产劳动"为主要劳动领域，对学生进行职业启蒙，培养学生日后回归生活所需要的有用的劳动技能，每学期有一个大的活动主题，对每个大主题活动进行任务分解又分为若干个子活动，逐步递进。每个单元四节课，每单元一个测评表。

二、教学用书应该突出为培智学生服务的特点

培智学生在学校学习劳动知识并掌握一定的劳动技能，为日后回归社会打下良好基础。作为以培智学生为教育对象的劳动教育教材，首先要能体现

为培智学生服务的特点，在课堂上，能够帮助他们了解生活，认识生活逐步扩大他们认识社会的范围，为他们将来走上社会，能够适应社会生活，成为自食其力的劳动者做好准备。认识社会，以认识自己周围的社会为主，可以由近到远，选取培智学生最熟悉的生活场景以及与日后生活中用到的息息相关的劳动知识和劳动技能开始。

实施案例：我会分拣水果的方法

知识窗：

分拣水果是一个很繁琐很细致的过程，我们需要熟悉分拣步骤和掌握分拣方法，如图6-17所示。

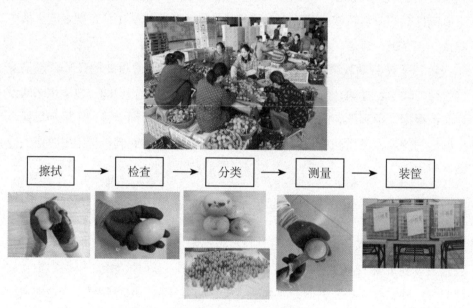

图6-17 分拣水果流程图

（1）擦拭：将水果表皮擦拭干净。

（2）检查：仔细检查水果有无破损、虫咬、腐烂、霉变等质量问题。

（3）分类：检查完的水果要进行分类放置，坏果放置一堆，好果放置另外一堆。

（4）测量：用卡尺对好果进行测量，将水果套进卡尺，套住的水果果径为卡尺上的数字。

如图6-18所示，在测量时会有三种情况：

常见的果径大小为：

45mm果（小）　　55mm果（中）　　65mm果（大）

①　　　　　　②　　　　　　③

图6-18　测量情况图

①卡尺较小，不能套住水果。

②卡尺较大，不能套紧水果。

③卡尺刚好套住水果。

当出现①②这两种情况我们应该更换卡尺，继续测量；在③这种情况下我们才能测量出水果的果径。

（5）装筐：将测量出果径的水果，根据果径大小装入对应的筐内。

试身手：

如图6-19所示。

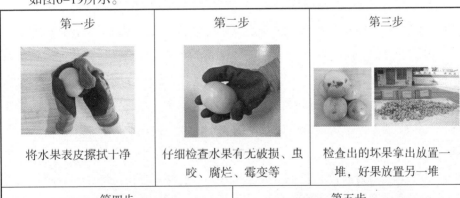

第一步	第二步	第三步
将水果表皮擦拭干净	仔细检查水果有无破损、虫咬、腐烂、霉变等	检查出的坏果拿出放置一堆，好果放置另一堆

第四步	第五步
用卡尺对好果进行测量，将水果套进卡尺	将测量出果径的水果，根据果径大小装入对应的筐内

图6-19　动手操作分拣水果

实践园：

同学们可拿起手中的卡尺与水果测量果径哦，通过比较果径判断哪个水果更大点。

（由白洁梅老师提供）

（一）教学用书体现乡土特色，对学生进行爱国爱家乡教育

培智学校劳动教育教材的内容要有利于对培智学生开展热爱祖国、热爱家乡、建设家乡情感的教育，这也是对培智学生开展爱国主义教育、思政课的一个重要的方面，这类内容的选取，可以从不同的角度选择材料，把国情教育和乡情教育结合起来，如介绍德庆竹篙粉，一种被誉为"岭南第一粉""德庆一绝""广东第一粉"的早餐食物，在广东省德庆县流传了五百多年，大街小巷都可以吃到。据德庆地方志记载，明朝中后期，德庆香山一带山清水秀、茂林修竹、山泉清冽。一天，几个村民围在一起，尝试把大米磨成米浆，像生产腐竹一样蒸煮，放到竹篙上凉冻再切开来吃，这样制作出来的粉，口感显著区别于普通河粉。后来周边村落不断仿效，慢慢流传开来，遂成德庆著名小吃。在介绍历史的同时也要介绍自己家乡的小吃与人民的生活、生产的关系，了解自己的家乡的变化，人民生活越来越好的景象，让学生牢记幸福是靠劳动创造出来的。

实施案例：我会制作柑枝玉叶

知识窗：

制作柑枝玉叶需要掌握的烹饪技巧：

①洗：洗菜盆装满水，然后双手搓洗、逐样清洗材料。

②切：逐样把材料放到砧板上，左手固定材料，右手握刀小心地把材料切成需要的形状。

③炒：开火按顺序逐样把材料倒入锅中翻炒，然后调味，继续翻炒至炒熟。

④装：把炒熟的菜品，装饰的菜叶和贡柑果篮根据需求在碟子中进行摆盘装碟。

试身手：

①制作柑枝玉叶的准备材料阶段，如图6-20所示。

①清洗碗具　　　　　　　②清洗食材

③准备清洗好的虾　　　　④准备姜蒜

图6-20　准备材料

②制作柑枝玉叶需要的材料，如图6-21所示。

鲜虾仁　　　　　　　　　　生菜

韭菜　　　　　　　　　　贡柑

制作贡柑篮子　　　　　　准备调料

图6-21　制作柑枝玉叶需要的材料

试身手：

①将塑料剥橙器尖端插入贡柑，划　　②用勺子掏出贡柑里面的果肉
　出半圆形

③用勺子掏出贡柑里面的果肉，做
　好贡柑篮子

④虾仁切段

⑤切韭菜

⑥热油，爆香蒜末

⑦爆炒虾仁

⑧倒入韭菜继续翻炒

⑨装入碟子

⑩用勺子慢慢将菜品填充进贡柑篮子

图6-22　试身手制作柑枝玉叶

实践园

①在家与爸爸妈妈一起制作菜肴"柑枝玉叶"，跟家长说一说你在操作过程中的感受。

②"柑枝玉叶"是哪个城市的名菜？请选择正确的在括号里打√

（　　　　）广州　　　（　　　　）上海　　　（　　　　）肇庆

安全提示

在使用刀具过程中，要听从家长或教师的指引，不能独自使用刀具、炉具哦。

（由叶秀萍老师提供）

（二）教学用书应注意学习内容难度要适宜，内容与培智学生的生活息息相关

同一个学习主题的内容应逐步增加难度，符合学生的学习能力和需求，可操作性强。教学用书的语言要简洁。

实施案例：我会准备调料

知识窗：

在家庭烹饪和餐馆中，我们都离不开各种调味料，比如盐、糖、酱油、花椒、姜蒜等。这些调味料可以改变食品的口味，从而使食物更加诱人和美味。例如，盐可以使食物咸味更重，使味觉更加敏感，而糖则可以增加食物的甜味，使人感到更加舒适和满足。酱油、花椒、姜蒜等调味料则可以增强菜肴的香味和特殊口味。这些调味料的作用是增强食品的味道，使它更加适合我们的口味。

其次调味料也可以为我们的饮食带来一定的营养价值。一些调味料本身含有丰富的维生素、矿物质和抗氧化剂等营养成分，如胡椒粉、香菜、葱姜蒜等。这些调味料可以帮助我们增强免疫力、促进新陈代谢、保护心脏等。同时，一些低热量的调味料，如醋和芥末等，也可以帮助我们控制体重，促进健康。

请欣赏：

1.常见的调料品

①咸味调料：酱油、食盐、酱类制品（豆瓣酱、牛肉酱）。

②酸味调料：醋（陈醋、白醋、米醋）、番茄酱。

③甜味调料：蜂蜜、糖（白糖、红糖、冰糖、饴糖）。

④鲜味调料：味精、鸡精、蚝油、鱼露。

⑤辣味调料：花椒、辣椒、胡椒、姜、葱、蒜。

⑥香辛调料：芝麻、陈皮、八角、丁香。

⑦酒类：料酒、黄酒、白酒、啤酒。

⑧食用油：花生油、芝麻油、猪油、橄榄油。

2.制作竹篙粉所需的调料，如图6-23所示

图6-23 制作竹篙粉所需的调料

试身手：

1. 连一连，将下列调料品进行归类

2. 请你选出竹篙粉需要的调料品，并在下面打√

实践园：

①家里的调料品你能说出名字吗？并了解它所属的调料品类别。

②与父母一同去购买竹篙粉所需要的调料品。

温馨提示：

必须在教师或家长的指导下才能品尝调料，要轻拿轻放，避免摔坏哦。

（由白洁梅老师提供）

实施案例：我会制作牛腩竹篙粉

知识窗：

同学们，上节课我们制作和品尝了美味的猪杂竹篙粉后，老师布置了一个作业，谁能说说竹篙粉还可以和什么搭配？如图6-24所示。

瘦肉竹篙粉

扣肉竹篙粉

牛腩竹篙粉

图6-24　竹篙粉搭配图

豆芽、白粥、瘦肉、排骨……

同学们的回答真是五花八门，看来呀，竹篙粉可以搭配的口味非常多，今天我们来学习牛腩竹篙粉是怎样制作的吧！

请欣赏：

需要准备的工具和材料。

工具：刀、砧板、勺子、碗、炒锅、锅铲，如图6-25所示。

图6-25　需要准备的工具和材料

材料：牛腩、酱油、料酒、葱段、姜、洋葱、柱侯酱、南乳、花生酱、芝麻酱、蚝油、冰糖、八角、桂皮、香叶、草果、陈皮、小茴香，如图6-26所示。

图6-26　材料照片

试身手：

①挑：挑选的牛腩应为牛肚子上两条肋骨之间很薄的部位，附着筋膜	②切：牛腩改刀切成大块	③洗：清洗干净后控干水分（新鲜牛肉焯水会失去香气且不易入味，最好不要焯水）
④腌：加入酱油、料酒、葱段、姜腌制	⑤备：备好少量香料（八角、桂皮、香叶、草果、陈皮、小茴香）	⑥调：调好酱汁（少量柱侯酱、南乳、花生酱、芝麻酱、蚝油、酱油）
⑦炒：炒前挑出葱段和姜，开中火，热锅冷油，重新加入姜、蒜、洋葱丁炒香，倒入牛腩后改为大火煸炒，炒干水汽，加入一点料酒，倒入调好的酱汁，炒香后多加水	⑧焖：放一颗冰糖和些许香料，水烧开后转为小火，焖煮一个半小时左右，捞出香料转成大火，收汁起锅	

图6-27　制作牛腩竹篙粉步骤图

经历了重重考验，我们终于制作出了香气扑鼻的焖牛腩，现在只要把它均匀地淋到竹篙粉上面，美味的牛腩竹篙粉便制作完成了，小厨师们快来品尝一下自己的劳动成果吧！如图6-28所示。

图6-28　牛腩竹篙粉成品图

实践园：

回家与爸爸妈妈分享牛腩竹篙粉的制作过程，并思考牛腩竹篙粉与普通牛腩粉的区别，回校与大家分享。

温馨提示：

使用餐具前应洗干净双手。必须在教师或家长的指导下正确使用刀具、炉灶，正确使用煤气，注意安全。

（由陈楚老师提供）

（三）教学用书应该把德育、知识、趣味融于一体，突出生活化的特色

教学用书内容的编写还必须考虑思想品德的教育，做好文化与道德相结合，使所选用的教学用书与德育有机地联系起来，体现生活化的特点，让学生学会以后能够运用到实际生活当中。

实施案例"我会浇汁"教学用书内容设计

知识窗：

1.摆盘需要用到的工具

①操作工具：小刀、砧板、一次性手套、一次性碗、勺子。

②调味工具：酱油、花生油、葱。

2. 工具的用途

①操作工具：一次性手套、一次性碗和勺子的使用能更好地避免手部与食材接触，可以使人们食用时更加安全和放心。小刀用来切割所需的食材，既能使食材更美观，又能使食材处理过程更加便捷。砧板可以保护刀具的切口，也能给食材提供一个盛放的中介，避免食材直接放在桌面上切割，造成桌面的损坏。

②调味工具：酱油、花生油和葱能够调味增香，能够制作简易的料汁。

浇汁工具：

①一次性手套　　②一次性碗　　③勺子

④小刀　　⑤砧板　　⑥葱

⑦酱油　　⑧花生油

试身手：

1. 调汁，如图6-28所示

①把洗干净的葱切成葱花放到一次性碗里

②碗里倒入酱油和花生油

图6-28 调汁准备的材料

2. 浇汁步骤图，如图6-29所示

①把装有料汁的勺子微微倾斜　　②呈圆形轨迹在竹篙粉上方浇
　　放在竹篙粉上方　　　　　　　　汁一圈即可

图6-29 浇汁步骤

实践园：

在家劳动实践的时候，思考一下，料汁还能怎么调？浇汁的时候有哪些注意事项？

尝试一下用不同的手法浇汁，如图6-30所示。

图6-30　不同的手法浇汁

温馨提示：

浇汁前要洗净双手，使用过程中注意用刀安全和玻璃瓶的酱料使用，必须在老师或家长指导下操作哦。

（由邱育梅老师提供）

实施案例：新农人精神我来传

知识窗

1.认识"新农人"的三大特征

①新农人是有生态意识的农业从业者，是农业产业链条上具有生态自觉、具有呵护人类、关爱环境、保护生物多样性的"大爱"灵魂的农业从业者。

②新农人是有知识、懂经营、会管理、爱学习，并且运用科学技术、尊重科学规律的农业产业带头人。

③新农人是践行推动三农新发展、推动食品安全事业发展，承担历史使命的人，他们有使命感，更有行动力。

2.新农人精神：

①专业分工精神：每一个新农人都应该根据自己的资源和优势，在农业

的产业链条上找到自己的定位。

②团队协作精神：每一个新农人走到一起，抱团起来，联合起来，团结奋进。

③吃苦耐劳精神：不怕苦、爱劳动和带头致富等精神。

请欣赏：

1. "杂交水稻之父"——袁隆平

袁隆平（1930年9月7日—2021年5月22日），男，汉族，是享誉海内外的著名农业科学家，中国杂交水稻事业的开创者和领导者，"共和国勋章"获得者，国家杂交水稻工程技术研究中心原主任，被誉为"杂交水稻之父"，如图6-31所示。

图6-31　"杂交水稻之父"——袁隆平

2. 认识新农人——何维珍

何维珍，男，从事德庆贡黄茶制作技艺和茶学研究26年，曾任广东天成茶业公司总经理、德庆天成茶业有限公司总经理，现任广东省茶叶收藏与鉴赏协会执行秘书长，并致力打造"德庆贡黄茶制作技艺非遗传习中心"。何维珍自小受家族影响，跟父辈学习贡黄茶制作

图6-33　新农人何维珍

技艺外，1992年更是考取华南农业大学茶学本科专业进行深造学习，1996年毕业后毅然回乡利用自身的专业知识对贡黄茶制作技艺进行调查研究和复兴传承，指导当地茶农栽茶制茶，如图6-33所示。

3. 想一想

"农人"，指那些为创业理想而投身农业行业之中的人。基本含义指务农的人。"农业"，是利用动植物的生长发育规律，通过人工培育来获得产品的产业。

试身手：

请同学们在老师的引导下，观看新农人事迹，深刻了解新农人的精神，学以致用。

我们来阅读文字，思考一下，你觉得这位新农人身上有什么地方值得我们学习？

如图6-34所示，陈慧，是德庆县东璞生态农业有限公司的副总经理，她自从事农业生产以来一直坚持绿色发展理念，依靠科技创新，带领农民走健康、生态种植之路而成为"肇庆市十大新农人"2015年，她成立了德庆县东璞生态农业有限公司和天牛膏农业专业合作社公司，公司种植面积约1000亩，并带动附近果农复种约5000亩贡柑，通过技术帮扶提高了社员和周边果农果品，重现德

图6-34　新农人陈慧

庆贡柑的高端品质，提高果价，增加社员和农民收入，在联农带农、推动地方经济发展、改善生态环境等方面发挥示范带头作用。

实践园：

①请同学们回家后跟家人分享我们要学习的新农人精神，并且请家人分享一下他们知道的新农人的故事，最后再说一说你的心得。

②请同学们认真观看图6-35，说一说我们应该学习新农人的什么精神？不应学习的精神有哪些？

图6-35 新农人精神我来传图片

温馨提示：

我们应该把新农人精神记在心中，不能在网络上传播关于新农人的谣言哦。

（由邱育梅老师提供）

第三节 培智学校劳动教育课程的教学设计

教学设计是根据课程标准的要求和教学对象的特点，有序安排教学目标、教学重难点、教学方法、教学步骤与时间分配等环节。

在进行撰写劳动教育教学设计时，应注重生活化、情景化、游戏化、差异化、个性化。

一、应注意的事项

①教学目标与学生需求要一致。要深入了解学生的学情，针对学生的实际掌握情况，要明确学生通过学习要达到的具体目标，了解学生的学习基础、

学习兴趣和学习方式。

②要有合适的教学内容。要有清晰的学习内容，使学生较容易地理解和掌握知识。

③要有适合学生的教法、学法。培智学生存在个体差异，智力低下，想象力和思维能力较差，要体现个别教学法，并通过使用直观、多元的教法、学法来满足不同培智学生的学习需求和学习风格，包括动作支持、语言支持、声音支持等。

④要注重让学生参与和互动。鼓励培智学生积极参与课堂活动，采用小步子教学法等，创造一个支持学生互动和合作的环境，激发学生的学习兴趣。

⑤把评价融进教学设计。鼓励学生自我评价和互相评价，以提高学生深入学习和自主学习能力。

⑥教学资源和技术支持。确保有足够的教学资源和技术支持来辅助教学设计。使用多媒体、在线教育平台和其他教学工具，以增强教学效果并满足学生的需求。

二、实施案例

"我会水果打包"教学设计

学生类别	智力障碍	科目	劳动技能
课程名称	"回归生活 劳技活动"	授课年级	七年级
授课周次	第 11 周	课题	我会水果打包
学情分析	本班学生共9人，其中轻度智力障碍有2人，中度智力障碍有5人，孤独症有2人。轻度智力障碍学生表达和理解能力较好，动手能力较强，有一定生活自理能力；中度智障学生表达和理解能力较差，动手能力一般，在老师协助下能进行操作；孤独症学生能听懂指令，在老师协助下能完成任务		
内容分析	本课依据最新版劳动技能课程标准，结合我县种植的特色农业水果——皇帝柑，根据我校学生实际情况而制定。水果打包这一手工技巧，在每年贡柑销售旺季，会变得特别常见。几乎每家每户都喜欢把一部分贡柑售卖出去，一部分贡柑寄给亲朋好友，学生学会这一技巧，有利于他们帮家里分担劳动量，有机会还能帮助增加家庭收入 本课作为柑橘类水果线上售卖的其中一类——以打包水果为例，它可以锻炼学生的动手能力，学会折纸箱、使用胶带等物品，同时学会打包水果的方法，这一技巧不受生活场景的限制，在生活中具有很强的实用性		

教学目标	1.学会使用纸箱、胶带等工具进行水果打包的方法和步骤 2.掌握装水果、称水果、粘贴纸箱的技巧 3.体会到水果打包的乐趣
教学重点、难点	掌握装水果、称水果、粘贴纸箱的技巧

教学过程	
教学活动	设计意图
一、课前准备，引入新课 视频导入： 1.播放学生打包水果视频，引出课题 2.引导学生了解水果打包的意义 二、新授知识，直观演示 （一）认识打包水果的工具及方法 1.工具：胶带、纸箱、称重秤 2.使用工具的方法 （1）折纸箱的方法 （2）使用胶带的方法 （3）使用称重秤的方法 （二）了解水果打包的过程 　装水果—称水果—粘贴纸箱 （三）掌握水果打包的技巧 1.折叠纸箱时要学会用不同的手指折叠，切忌用蛮力 2.将胶带卡进封箱器，并学会在封箱时切割胶带 3.称重水果时保持称重板平衡，放置水果时动作要轻柔 4.初步学会读称重秤上的克重值 5.用胶带封箱子，动作要干净利落，不能用胶带封满箱子 三、巩固练习，拓展延伸 实际操作：挑战水果打包： 1.学生3人为一组，进行模拟练习 2.老师点评、奖励 四、总结提高，情感升华 （一）了解水果打包的相关内容 1.了解水果打包的普遍性 2.尽量学会使用水果打包的三样工具 （二）学会自己动手、锻炼自己的独立能力	激发学生学习的兴趣 让学生了解老师讲解的内容，拓宽学生的视野 学生动手操作，锻炼手眼协调能力、精细动作 总结回顾，集中回忆学过的东西，更好地掌握知识和技能

板书设计
1.学会使用纸箱、胶带等工具 2.掌握水果打包的技巧

（由何绍仪老师提供）

"我会准备调料"教学设计

学生类别	智力障碍	科目	劳动技能
课程名称	"回归生活 劳技活动"	授课年级	6 年级
课题	我会准备调料		
学情分析	本班学生共11人，其中轻度智力障碍有3人，中度智力障碍有5人，孤独症有2人，多重障碍有1人。轻度智力障碍学生表达和理解能力较好，动手能力较强，有一定生活自理能力；中度智障学生表达和理解能力较差，动手能力一般，在老师协助下能进行操作；孤独症学生能听懂指令，在老师协助下能完成任务；多重障碍学生能进行表达，但自主学习能力差		
内容分析	这一课主要是认识常见的调料品，了解和认识制作竹篙粉需要用到的调料，并且学会选购调料品。通过学习为制作竹篙粉打下一定基础，学会选购有利于学生回归主流社会，提高其社会交往能力和生活自理能力		
教学目标	1.认识常见调料品 2.认识制作竹篙粉所需的调料 3.学会选购调料品 A类：①认识并能归类常见调料品；②认识制作竹篙粉所需的调料；③在同类调料品中正确选购竹篙粉所需调料，且可根据个人口味选择其他调料 B类：①认识常见调料品，在协助下能进行归类；②了解制作竹篙粉所需的调料；③在协助下，可在不同类调料品中选购竹篙粉必备调料 C类：①认读常见调料品；②了解制作竹篙粉所需的调料；③体验参与课堂的乐趣		
教学重点、难点	教学重点：认识制作竹篙粉所需的调料 教学难点：学会选购调料品		
教学过程			
教学活动			设计意图
一、课前准备，引入新课 1.提问学生介绍当地美食，展示怀集特色美食图片，引出德庆美食竹篙粉 2.提问学生制作一道美味的食品需要什么条件呢？表示制作美食除了食材、技艺之外，还需要调料品的加持 3.引出课题，你们会准备一道美食的调料品吗（以德庆竹篙粉为例）？ 二、新授知识，直观演示 （一）认识常见调料品 1.什么是调料品？ 也叫调味品，指能增加菜肴的色、香、味，增强食欲，有益于人体健康的辅助食品			通过展示各类美食图，吸引学生的注意力和学习兴趣，使其积极展开思考

续表

主要功能是提高菜品质量，满足消费者的感官需要，从而刺激食欲，促进人体健康 从广义上讲，调料品包括咸味调料、酸味调料、甜味调料、鲜味调料、辣味调料、香辛调料、酒类、食用油等 2.常见的调料品 ①咸味调料：酱油、食盐、酱类制品（豆瓣酱、牛肉酱） ②酸味调料：醋（陈醋、白醋、米醋）、番茄酱 ③甜味调料：蜂蜜、糖（白糖、红糖、冰糖） ④鲜味调料：味精、鸡精、蚝油、鱼露 ⑤辣味调料：辣椒、姜、葱、蒜 ⑥香辛调料：芝麻、陈皮、八角、丁香 ⑦酒类：料酒、黄酒、白酒、啤酒 ⑧食用油：花生油、芝麻油、猪油、橄榄油、菜籽油 3.制作竹篙粉所需的调料 展示竹篙粉成品图片，让学生讨论一下可能会用到的调料品；可根据自己的喜好添加其他调料品。 （花生油、酱油、食盐、芝麻、葱、醋、酸辣椒等）	培养学生认识和辨别常见调料品的能力，增长生活常识，为准备和选购调料品打下基础
（二）学会选购调料品 1.知道具体的调料品类别 食用油：花生油 酱油：生抽酱油 食盐：细盐 醋：陈醋 葱：小葱 芝麻：白芝麻 辣椒：泡椒 2.模拟超市购物 让学生扮演顾客、收银员的角色，选购调料品 三、巩固练习，拓展延伸 1.常见调料品归类练习 2.选购竹篙粉必备调料品 3.根据个人喜好选购其他调料品 四、总结提高，情感升华 （一）总结课堂知识 （二）学生可根据自己的喜好及调料品的功能选择合适的调料品进行烹饪美食	学会在众多调料品中选购竹篙粉必备调料 巩固学生对常见调料品认识和理解，加深学生熟悉制作竹篙粉需要的调料 让学生尝试准备制作其他美食的所需调料，提高其劳动技能和生活自理能力

（由白洁梅老师提供）

125

"我会制作牛腩竹篙粉"教学设计

学生类别	智力障碍	科目	劳动技能
课程	"回归生活 劳技活动"	年级	七年级
周次	第15周	课题	我会制作牛腩竹篙粉

学情分析	本班学生共9人,其中轻度智力障碍有2人,中度智力障碍有5人,孤独症有2人。轻度智力障碍学生表达和理解能力较好,动手能力较强,有一定生活自理能力;中度智障学生表达和理解能力较差,动手能力一般,在老师协助下能进行操作;孤独症学生能听懂指令,在老师协助下能完成任务
内容分析	本节课以学生当前及未来生活中所需的各种生活常识、技能和经验为内容,旨在培养学生具有生活自理、简单家务劳动能力和社会适应能力。学生在之前已初步学习了德庆传统美食——猪杂竹篙粉的制作流程和方法,需要进一步学习如何制作牛腩,使之搭配为另一道美味——牛腩竹篙粉
教学目标	1.学习制作牛腩竹篙粉的流程与注意事项 2.掌握焖牛腩的步骤 3.体验劳动的不易,分享品尝美食的喜悦
教学重点、难点	重点:掌握焖牛腩的步骤 难点:正确准备各个步骤的配料

教学过程	
教学活动	设计意图
一、问题导入,启发思考 师:上节课我们制作和品尝了美味的猪杂竹篙粉后,老师布置了一个作业,谁能说说竹篙粉还可以和什么搭配? 生:豆芽、白粥、瘦肉、排骨…… 师:同学们的回答真是五花八门,看来呀,竹篙粉可以搭配的口味非常多,今天我们来学习牛腩竹篙粉是怎样制作的吧! 二、新授知识,循序渐进 1.工具和材料 工具:刀、勺子、碗、炒锅 材料:牛腩、酱油、料酒、葱段、姜、洋葱、柱侯酱、南乳、花生酱、芝麻酱、蚝油、冰糖、八角、桂皮、香叶、草果、陈皮、小茴香	基于学生的生活经验与上一节课布置的作业提出问题,充分调动学生的情绪,吸引他们的注意力,激起其探索兴趣

2.牛腩的制作方法 （1）挑：挑选的牛腩应为牛肚子上两条肋骨之间很薄的部位，附着着筋膜 （2）切：牛腩改刀切成大块 （3）洗：清洗干净后控干水分（新鲜牛肉焯水会失去香气且不易入味，最好不要焯水） （4）腌：加入酱油、料酒、葱段、姜腌制	帮助学生学会挑选好吃的牛腩部位
（5）炒：炒前挑出葱段和姜，开中火，热锅冷油，重新加入姜、蒜、洋葱丁炒香，倒入牛腩后改为大火煸炒，炒干水汽，加入一点料酒，倒入酱汁（少量柱侯酱、南乳、花生酱、芝麻酱、蚝油、酱油，调匀备用），炒香后多加水 （6）焖：放一颗冰糖和少量香料（八角、桂皮、香叶、草果、陈皮、小茴香），水烧开后转为小火，焖煮一个半小时左右，捞出香料转成大火，收汁起锅	学生们掌握了肉类的腌制方法，以后烹饪时可以触类旁通
三、互相协作，品尝美味 师：经历了重重考验，我们终于制作出了香气扑鼻的焖牛腩，现在只要把它均匀地淋到竹篙粉上面，美味的牛腩竹篙粉便制作完成了，小厨师们快来品尝一下自己的劳动成果吧！	使学生们学会团结协作，珍惜劳动成果，体验劳动的喜悦
四、总结提高，拓展延伸 （1）总结焖牛腩的制作步骤及注意事项 （2）布置作业：回家与爸爸妈妈分享牛腩竹篙粉的制作过程，并思考牛腩竹篙粉与普通牛腩粉的区别	引导学生思考牛腩竹篙粉的特色

板书设计	
我会制作牛腩竹篙粉	
环节	准备材料
腌制	酱油、料酒、葱段、姜
煸炒	柱侯酱、南乳、花生酱、芝麻酱、蚝油、酱油
焖煮	八角、桂皮、香叶、草果、陈皮、小茴香

（由陈楚老师提供）

"我会榨果汁"教学设计

学生类别	智力障碍	科目	劳动技能
课程名称	"回归生活 劳技活动"	课题	我会榨果汁
授课年级	培智学校五年级		

教材分析：本节课选自学校的校本课程"回归生活 劳技活动"，旨在通过让学生参与剥果皮、取果肉、榨果汁等实践活动，尝试柑橘类水果新吃法，提升学生观察模仿、动手操作的能力，使其体验劳动的乐趣

学情分析：本班共有学生6人，包括孤独症、智力障碍等不同障碍类别的孩子，根据生活自理能力和家务劳动能力将学生分为2个层次

A层次：吕××、高××、梁××、陈××、黄××，这五位学生有较好的生活自理能力和家务劳动能力，动手能力较强，能听从老师指令

B层次：吕××、罗××，这两位学生的生活自理能力和家务劳动能力较弱，接收指令缓慢，手部精细动作能力一般，需要他人辅助

教学目标：

A层次：

1.掌握剥果皮、取果肉和果核的步骤与技巧

2.正确使用榨汁机制作鲜榨果汁

3.培养自主学习和合作学习的精神，体验劳动的乐趣

B层次：

1.掌握剥果皮、取果肉的步骤

2.在教师的指导下使用榨汁机制作鲜榨果汁

3.培养合作学习的精神，体验劳动的乐趣

教学重点：

1.掌握剥果皮、取果肉的步骤和技巧

2.使用榨汁机制作鲜榨果汁

教学难点：

1.学会使用开果器

2.正确使用榨汁机

教学方法：

1.分层教学法：根据学生认知水平、接受能力的不同，对教学目标、对学生的评价进行分层，使每个层次的学生获得成功的体验

2.分组教学法：将学生按照每组都有A层次学生和B层次学生的标准，分为两个小组，提高学生的学习参与度，培养他们团结协作的精神

3.直观演示法：通过展示教具、实物和示范，使学生能够直观地理解知识和掌握剥果皮、取果肉、榨果汁等技能技法

续表

教学准备：课件、教具、榨汁机、插线板、贡柑、开果器、一次性手套、一次性碗、一次性杯子、抹布、纸巾

教学过程			
教学阶段	教师活动	学生活动	设计意图
启发思考，视频导入（3分钟）	1.课前常规，说明奖励制度 2.教师提问，启发思考 师：同学们，今天的学习内容是"我会榨果汁"，大家平时喝过什么果汁？它有没有营养？ 3.视频导入，引出主题 师：今天，我们榨果汁的"主角"是谁呢？广宁县有一位邻居，叫德庆县，贡柑是它的特产之一，让我们看视频了解一下德庆贡柑吧	端正坐好，聆听规则，准备上课 回忆喝过的水果汁，并交流分享 观看视频，认识贡柑	让学生进入上课状态 结合学生以往的生活经验，引出本节课主题 使学生对贡柑有初步的了解
新授知识，示范引领（15分钟）	学习剥果皮，取果肉 1.观看教学视频 师：榨果汁需要用到贡柑的果肉，接下来让我们来学习一下如何使用开果器取出果肉吧！ 2.教师示范，重现细节 师：现在我来示范一下如何操作，请大家仔细观察	认真观看视频，学习取果肉的步骤 认真观看，领悟细节	让学生对如何用开果器取果肉有初步的认知，激发其实践兴趣 示范教学，有利于学生逐渐掌握动作要领
巩固练习、动手实践（15分钟）	1.学生动手实践 师：我看到同学们已经准备好了，接下来请你们拿起开果器，跟随视频的步骤进行操作，看哪一组取的果肉又快又完整！如果需要老师的帮助请举手	拿贡柑和开果器进行操作，把取出的果肉放进碗里。A层次学生需取出果核，对B层次学生取果核不作要求，尽力而为	实践环节可以锻炼学生的手部精细动作，还可以培养他们持之以恒、团结协作的精神

续表

教学阶段	教师活动	学生活动	设计意图
巩固练习、动手实践（15分钟）	2.学习使用榨汁机 师：大家已经取好果肉，接下来我们学习如何使用榨汁机 （1）图文讲解。师：从上面放进果肉，拿盖子轻轻压住，打开开关的同时往下压果肉，就能轻松榨出汁了。开关一共有三档：0档、1档和2档，关闭榨汁机时扭到0档，软水果榨汁扭到1档，硬水果榨汁扭到2档，贡柑果肉是软的，所以操作时只需扭到1档。从上往下看，可以看到出汁口时说明出汁口是开着的，看不到就是关闭状态，要调整好才能正常出汁 （2）视频讲解。师：大家看一下视频里的小朋友是如何操作的 （3）教师现场操作。师：老师现在示范如何操作，大家要认真学习哟 （4）我是榨果汁小能手。师：现在轮到你们动手榨果汁啦，每次榨完果汁都要记得扭回0档哦!	认真观看PPT，学习榨汁机的操作要点 观看完整的操作视频 学生近距离学习榨汁机的使用方法 实践出真知，学生亲自动手榨果汁	通过PPT图文讲解，可以突出使用榨汁机的重难点以及注意事项 让学生对使用榨汁机基本流程有大概的了解 学生可以直观明了地看清楚操作细节 让学生直接操作有助于加深其记忆力，还可以考查学生对知识点的掌握程度
品尝成果，总结提升（2分钟）	1.品尝小达人 师：经过同学们的努力，大家都榨出了香喷喷的果汁，接下来请大家好好品尝自己的劳动成果，并说说它是什么味道? 2.总结提升 师：这节课我们学习了用开果器取果肉，还学会使用榨汁机，喝到了香甜美味的果汁，回家后可以思考一下，如果榨果汁时加入一些白开水和白砂糖，果汁的味道会变成什么样?	品尝果汁，交流互动 乐于探究，积极实践	让学生直接品尝自己的劳动成果，分享劳动的快乐，有助于营造热爱劳动的班级氛围 拓展延伸部分有利于锻炼学生的思维能力，以及培养他们勇于实践的精神

续表

板书
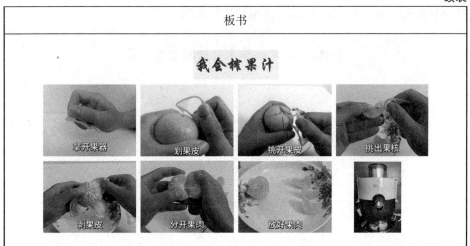

（由陈楚老师提供）

第四节 培智学校劳动教育课程的学生成长袋设计

成长记录袋评价有其特殊的理论背景是多元智能理论和建构主义理论。多元智能理论是由美国哈佛大学著名心理学家加德纳（Dr. Gardner）提出的。回德纳主张"情景化评估"，认为"评估应成为自然的学习环境中的一部分，评估应在个体参与学习的情景中轻松地进行"。美国当代著名建构主义学家冯·格拉塞斯·菲尔德认为："知识不是被动吸收的，而是由认知主体主动建构的。"

成长记录袋正是结合学生的实际学习活动，评估他们的知识建构。成长记录袋又叫档案袋，它是指用以显示有关学生学习成就或持续进步信息的一连串表现作品、评价结果及其他相关记录和资料的汇集。

培智学校劳动教育课程的学生成长袋的使用可以帮助学生更好地参与劳动教育活动，并记录他们的成长。成长袋可根据活动需要设计为劳动教育工作方案、劳动教育能力基本情况调查表、劳动教育个别指导服务表、劳动教育教师队伍情况、学生劳动教育训练记录表及学期发展评价、学生劳动教育训练相关作业或照片。

劳动教育成长袋应该旨在激发学生的兴趣和创造力，并提供具体的劳动任务和材料，帮助他们培养劳动技能和品德素养。

案例：XX学校学生劳动教育成长袋

学生姓名：_____

障碍类别：_____

所在班级：_____

负责教师：_____

建档时间：_____

劳动教育工作方案

为贯彻实施《教育部关于加强中小学地方课程和校本课程建设与管理的意见》等文件精神，推动培智学校义务教育均衡发展和全面实施素质教育，完善残疾人教育体系，切实保障重度残疾儿童受教育权益，某校将开展培智学生劳动教育工作。现根据某校实际情况，制定劳动教育工作方案如下。

一、指导思想

坚持"全"人教育观、融"爱"育人观，落实文件精神，积极探索培智学生劳动教育工作经验，逐步完善培智学生教育保障体系，进一步推进残疾人教育事业的发展。

二、建档对象

"劳动教育"建档的对象为某校的在校学生。

三、建档原则

注重发展培智学生的教育潜能，提高劳动能力、提升劳动素养和适应生活、适应社会能力。

四、实施要求

（一）高度重视，加强领导

开展"劳动教育"，以习近平新时代中国特色社会主义思想为指导，全面贯彻党的教育方针，落实全国教育大会精神，坚持立德树人，坚持培育和践行社会主义核心价值观，把劳动教育纳入人才培养全过程，贯通大中小学各学段，贯穿家庭、学校、社会各方面，与德育、智育、体育、美育相融合，紧密结合经济社会发展变化和学生生活实际，积极探索具有中国特色的劳动教育模式，创新体制机制，注重教育实效，实现知行合一，促进学生形成正确的世界观、人生观、价值观。

（二）调查摸底，确定建档对象

为确保"劳动教育"工作的落实，学校根据新学年事业统计报表实际统计的数据，确定具体对象作为学校"劳动教育"的建档实施对象，有计划地开展工作。

（三）提供保障，确保落实

开展"劳动教育"是一项长期的教育工作，学校将针对所确定的建档对象的残疾类别和家庭情况，在"劳动教育"服务的师资、经费等方面予以政策支持和保障。设立"劳动教育"工作专项经费，用于教育教学设备的配备、学生劳动教育活动材料的购买，建立"劳动教育"建档对象的相关档案。

（四）加强管理，提高劳动教学效益

①加强管理和指导。"劳动教育"是一项全新的工作，需要加强管理，及时帮助负责开展劳动教育的教师解决工作中存在的困难和问题。要建立相关制度，保证"劳动教育"工作落实到位，积极探索经验，提高教学效益。

②保证"劳动教育"工作时间。承担"劳动教育"工作的教师要针对教育对象的残疾类别和发展现状，保证"劳动教育"劳动时间。

③注重教育内容和方法的针对性。承担"劳动教育"工作的教师要针对"劳动教育"建档对象的生理、心理特点和残疾类别，根据教育部颁布的《特殊教育学校义务教育阶段课程设置实验方案》及学校的劳动教育课程设置要求，制定切实可行的教育教学计划，采取适合培智学生发展的教育内容和教学方法，努力提高教育水平和效果。

④多形式地开展"劳动教育"服务。要根据所确定的建档对象的情况，多形式地选择"劳动教育"教育方式。

（五）定员定岗，教育到位

教师需要了解学生的劳动实际水平，结合学生的学习兴趣，制定个别化教育计划，校方与家长沟通后制定"劳动教育"方案。

学生劳动教育成长袋

学生基本情况

学生姓名		出生年月	
民族		籍贯	
残疾类型		残疾等级	
致残原因		遗传病史	
重大疾病		长期服用药物	

特殊行为	

其他情况	

家庭住址	

		年龄		文化程度		工作单位		联系电话	
父亲									
母亲									

家长对孩子的期待	

期待	

学生劳动教育教学计划（第＿＿学年）

学生劳动能力现状分析	主要生理情况（肢体、器官、感觉统合等）	
	参与程度和机会（包括评估学生是否积极参与学校或社区组织的劳动项目，以及他们是否有足够的机会参与各种类型的劳动活动）	
	技能和知识水平（评估学生在劳动领域具备的技能和知识水平。这可以涵盖学生已掌握的劳动技能，如手工艺制作、电器维修、植物种植等，并考查他们对相关知识的了解程度）	
	动机和兴趣（调查学生的劳动动机和兴趣程度。了解学生对特定类型的劳动活动的兴趣程度，以及他们参与劳动活动的动机和动力）	

续表

学生劳动能力现状分析	态度和价值观（评估学生对劳动的态度和价值观。这包括他们对劳动的认识和重要性的看法，以及对劳动工作的态度，如积极性、责任感和合作精神等）	
	学习成果和发展（考查学生在劳动教育中的学习成果和个人发展情况。这可以包括他们在劳动活动中所获得的技能提升、创造性解决问题的能力、合作与沟通能力等方面的发展）	
	社会参与和影响力（评估学生通过劳动教育活动对社区和环境产生的积极影响。这可以包括学生参与社区服务项目、环保行动等，以及他们对他人的启发和影响力）	
	支持和机制（分析学校为学生劳动教育提供的支持和机制。这包括学校是否提供足够的劳动教育机会和资源，以及是否有相关的指导和评估机制）	

学期劳动教育目标	第一学期: 1.以个人生活起居为主要内容,开展劳动教育,注重培养劳动意识和劳动安全意识,使学生懂得人人都要劳动 2.完成个人物品整理、清洗,进行简单的家庭清扫和垃圾分类等,树立自己的事情自己做的意识,提高生活自理能力	
	第二学期 1.劳动乐趣,爱惜劳动成果 2.参与适当的班级集体劳动,主动维护教室内外环境卫生等,培养集体荣誉感 3.进行简单手工制作,照顾身边的动植物,关爱生命,热爱自然	
学年劳动教育工作行事历	月 份	内 容 安 排
	9月	
	10月	
	11月	
	12月	
	1月	
	2月	
	3月	
	4月	
	5月	
	6月	
	7月	
	8月	

劳动教育教师队伍情况

学校劳动教育工作领导小组			学生劳动教育工作实施小组		
组长： 副组长： 组员：			组长： 组员：		
姓　名	性　别	年　龄	专业	职称	负责劳动教育项目

劳动教育教学训练记录表（第___周）

日　期		指导老师	
教学目标			
教学准备			
教学过程	项目领域	内容安排	
建档学生表现及目标达成情况	项目1		
	项目2		
	项目3		
	项目4		
	项目5		
劳动教育训练的作业与建议			
家长意见			
		签名：	

我的劳动勋章

（　　　　　学年第　　　　学期）

姓名		
月份	获得的星级	★★★★★□　★★★★□　★★★□　★★□　★□
	被评为"自立小达人"□　"班级小主人"□　"家务小能手"□　"志愿小雷锋"□　"职业小能手"□	
	其他奖励：	
月份	获得的星级	★★★★★□　★★★★□　★★★□　★★□　★□
	被评为"自立小达人"□　"班级小主人"□　"家务小能手"□　"志愿小雷锋"□　"职业小能手"□	
	其他奖励：	
月份	获得的星级	★★★★★□　★★★★□　★★★□　★★□　★□
	被评为"自立小达人"□　"班级小主人"□　"家务小能手"□　"志愿小雷锋"□　"职业小能手"□	
	其他奖励：	
月份	获得的星级	★★★★★□　★★★★□　★★★□　★★□　★□
	被评为"自立小达人"□　"班级小主人"□　"家务小能手"□　"志愿小雷锋"□　"职业小能手"□	
	其他奖励：	
期末总评	获得学校颁发的奖品	糖果□　学习用品□
	奖状：被评为"自立小达人"□"班级小主人"□（打钩）"家务小能手"□"志愿小雷锋"□"职业小能手"□	

我的成长足迹

(　　　　学年第　　　　学期)

姓名		
思想品德素养	助人为乐	★★★★★□ ★★★★□ ★★★□ ★★□ ★□
	积极参加集体劳动及公益劳动	★★★★★□ ★★★★□ ★★★□ ★★□ ★□
	关心班级集体	★★★★★□ ★★★★□ ★★★□ ★★□ ★□
知识与技能	课堂表现	★★★★★□ ★★★★□ ★★★□ ★★□ ★□
	学习主动性	★★★★★□ ★★★★□ ★★★□ ★★□ ★□
	小组合作方面的情况	★★★★★□ ★★★★□ ★★★□ ★★□ ★□
	小发明、小创造	★★★★★□ ★★★★□ ★★★□ ★★□ ★□
学习成果收集与积累	获得的荣誉	
	劳动成果作品	精彩瞬间（图片粘贴）
期末我的进步（我学会了什么）		

学期末总评

（　　　　　学年第　　　　学期）

学生姓名	
依据学期目标，对学生一学期的思想品德与劳动素养、劳动知识与技能的掌握、学习成果收集与积累作一个终结性评价	
家长反馈意见	

学生劳动教育教学训练学年发展评价

学科项目	发 展 情 况
主要生理情况	
参与程度和机会	
技能和知识水平	
动机和兴趣	
态度和价值观	
学习成果和发展	
社会参与和影响力	
支持和机制	
家长反馈意见	
教 师 寄 语	

第七章　培智学校劳动教育课程的实施

培智学校劳动教育课程的实施从学生生活实际出发，以提高学生自我服务，掌握劳动技能，促进学生身心健康发展为宗旨。学校是劳动教育实施的主阵地，学校要抓好教师队伍建设和课时保障，在劳动教育教学过程中注意把劳动技能分化，变成小循环教学。本章从不同类型劳动的课程实施、与不同学习形式融合的劳动课程实施、跨学科跨区域融合的劳动项目实施三大方面列举案例进行阐述。

第一节　不同类型劳动的课程实施

（一）个人劳动

1. 个人劳动的价值和意义

个人劳动应注重具身体验，让学生在劳动实践中成为生活自理能手。具身体验课程基于人体具身认知理论，强调关注的焦点是人身体因素在人体认知理论和认知实践教学中发生的独特作用，关注强调的核心是人身体活动的真实感受和体验，培智学校学生往往因身心发展滞后影响，缺乏独立自我管理的能力，注重具身体验，能有效激发学生参与生产劳动实践的积极性。通过多样化的支持，帮助学生参加个性化的劳动，使学生在劳动实践中培养成为自理小能手的劳动精神品质和自我管理能力，适合自己的发展特点。培智学校学生缺乏自我管理意识，教师要在劳动实践中让学生体验成功的喜悦，帮助低年段学生提升自我服务和管理能力，让学生参与简单的自我服务和自理活动，创造一个让学生参与劳动体验的平台，如图7-1所示。

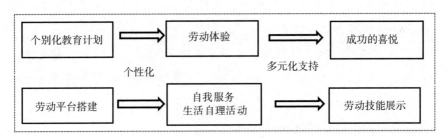

图7-1 学生劳动教育具身体验流程

系统适宜的劳技计划要根据每个对象不同程度的生活需要，从简单的自我服务劳动开始，包括个人物品的使用、整理、清洁等，学会在日常生活中自理。

形成劳动意识，养成动手习惯，让学生从单纯的自我服务劳动中提高生活自理能力，为从事其他类型的劳动打下基础。例如，在教学生整理个人学习用品时，为学生选取参照榜样，激起学生"我要学"的兴趣，在学生进行劳动时给学生拍照等进行表扬鼓励，努力让学生摆脱对他人的依赖，形成自己的事情自己做的意识。每个班级每周至少设置一节劳技课，尤其是低年级，从少到多，由强带弱，在班级里先从简单的清洁劳动开始，由程度好的学生做一些复杂的任务。

2.个人劳动实施案例

"我劳动，我快乐"劳动教育活动案例

一、活动背景

"劳动教育"是我校技能教育项目之一，每周每班根据《培智学校义务教育劳动技能课程标准》都有固定的劳动技能课程，培养智障儿童整理内务、打扫卫生、烹饪等方面的劳动能力，使他们自理自立、自信自强，更好地适应家庭和社会。

二、活动目标

（一）知识与技能

通过"低年级组整理书包""中年级组叠校服""高年级组叠床单""班级劳技趣味比赛"的活动环节，让学生在比赛中更深刻地了解并掌握

整理书包、叠校服、叠床单、擦桌子、洗抹布的步骤方法，如图7-2所示。

（二）过程与方法

通过教师适时的指导和学生自主的完成整理书包、叠校服、叠床单、班级趣味劳动技能比赛的活动环节，让学生在比赛中更深刻地了解并掌握整理书包、叠校服、叠床单、擦桌子、洗抹布的步骤方法。

（三）情感态度和价值观

让学生在劳动技能比赛中，增强自信心、体会到劳动的快乐、培养热爱劳动的习惯、增进与同学和老师之间的感情、增强班级凝聚力，当一名在家中、在学校、在社会勤劳能干的好孩子。

三、活动内容

活动环节有"低年级组整理书包比赛""中年级组叠校服比赛""高年级组叠床单比赛""班级劳技趣味比赛"，中间穿插抽奖环节。环节结束后，班主任到班里为孩子们派发礼物和奖状。

四、活动亮点

本次活动的举办体现了学校的教育特色，将劳动教育有机地融入学校生活，让学生掌握劳动技能，减轻家庭负担，增进家长与孩子、老师与学生之间的感情，进一步加强师生之间的沟通交流，给每个学生提供展现自我才能的机会。同时，也使每个老师发现学生的优点，注重各种才能的培养挖掘。

五、活动准备

学校旗帜、参加劳动技能比赛报名表、横幅、音响设备、零食、凳子、活动道具（两个水桶、三张桌子、三个书包及水杯、三件校服、两张床单、两块抹布、一张地毯、一个抽奖箱）

六、活动过程

①校长致辞并宣布活动开始。

②"低年级组整理书包比赛"规则：一、二、三年级学生从一年级开始分三组依次进行整理书包比赛，用时最短的获胜。

③"中年级组叠校服比赛"规则：四、五、六年级学生从四年级开始分三组依次进行叠校服比赛，用时最短的获胜。

图7-2　"我劳动 我快乐"劳动教育活动

七、活动效果

本次"我劳动，我快乐"劳动教育活动，在领导的支持、同事的配合和学生的积极参与中顺利完成，这次活动从以赛促教的角度出发，旨在增强学生对劳动的兴趣，大部分同学都可以参与到活动中，在活动中，我看到了比赛台上学生整理书包、叠衣服、叠床单等的劳动能力，看到了台下其他同学的加油助力，看到了老师们相互之间的协调配合，家长参与到活动中，发挥了家校共育的作用。

（二）家庭劳动

1. 家庭劳动的价值和意义

以任务分析法为基础，通过准确的演示讲解、必要的适当的练习和充分及时的反馈，对不同学生的家庭劳动技能进行个性化的分析，直接进行教学，为学生不同的学习需求提供适当有力的支持，帮助学生形成稳定清晰的动态感觉，有利于学生更好地掌握家庭劳动技能，养成良好的劳动习惯。实践性是劳动教育的关键特征，因此必须面向学生的真实生活和未来将要面对的真实劳动世界。[1]通过家务劳动实践，能引领学生进一步理解父母，学会体谅父母，并通过切身劳动为家庭做贡献，从而逐渐树立家庭责任意识。[2]要求教师设计个

---

① 戴君.中小学劳动周建设的价值分析与推进策略[J].中小学德育，2022（10）：68.

② 陆玲玲.道德与法治劳动教育主题课外实践探略[J].中小学德育，2022（7）：37.

性化的家庭劳动清单，根据学生的实际水平指导课外家庭劳动教育的实践，使学生在提升个人道德修养的家务体验中，发挥其作为家庭成员的价值，为家庭生活的幸福和谐添砖加瓦。以轻度智障学生为例。在日常生活中老师和家长可以根据学生这一特点为儿童设计个性化的劳动教育计划。刚开始的时候，为了让学生了解操作的流程、细节等，需利用多媒体的投屏技术或者录像等功能并将图像或视频进行放大处理，方便学生观看学习，有利于规避意外的发生，提高操作安全性。分步骤、慢动作的示范尤其重要，还可以培养学生耐心等候、细致观察等优秀品质。比如，每天安排固定的劳动活动，早上起床、刷牙、穿衣服、穿袜子，中午回到家洗手、擦桌子、摆餐桌，下午放学收衣服、叠衣服、扫地等，程度由易到难，内容由少到多，分步实施，让儿童有事可做。经过长时间的训练，儿童熟悉了流程之后可以减少家长的指导。

2. 家庭劳动实施案例

采摘水果实践活动

①与家长一起准备工具：摘贡柑需要用到的工具是手套、围裙、袖套、剪刀和装果的水桶，如图7–3所示。

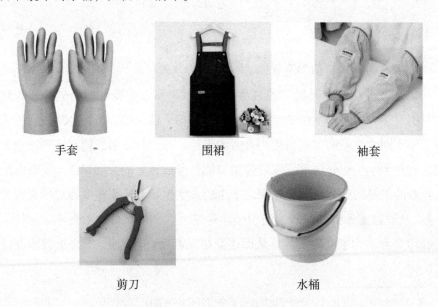

手套　　　　　　　　围裙　　　　　　　　袖套

剪刀　　　　　　　　水桶

图7–3　采摘水果的工具

②工具的使用安全教育。

③摘的时候，注意不要挑烂果、伤果，要挑大而颜色均匀的。在果柄的3毫米处剪，采摘时不拉枝、拉果。

④采摘水果劳动实践，如图7-4所示。

①系好围裙　　　　②戴上袖套　　　　③戴上手套

④拿好剪刀　　　⑤找到成熟的柑橘　　⑥在果柄3毫米处剪

图7-4　采摘水果实践活动

⑤活动效果：通过开展家庭劳动促进了亲子关系的融洽，减轻了家庭的负担。又增加了学生劳动实践的机会，让学生体会父母劳动的艰辛，懂得了体谅父母，爱惜和尊重父母。

（三）学校劳动

1.学校劳动的价值和意义

儿童的智慧在手指尖上。服务性劳动具有明显的公益性和利他性特点，在服务过程中，有助于学生"帮助他人，服务集体，强化社会责任感"①。培智学校的劳动教育要做到常态化管理，让学生既动手又动脑，协作互助完成劳动任务，培养学生团队合作意识。这需要老师有目的、有计划地设计开展一系列的校内外活动让学生得到真实体验，在劳动自觉中成为助人小雷锋。

教师可以在班级里设置班级小岗位制，让学生明确自己的岗位职责，（见表7-1）按时完成任务。

表7-1　班级小岗位制

班级小岗位	岗位任务	注意事项
护花使者	负责给班级的花草浇水	两天浇一次
数学小老师	负责为学生答疑解惑	同学回答不出来时帮忙
图书管理员	负责图书角的整理工作	上下午各整理一次
放学小队长	负责整理好放学队列	上下午放学
计算机管理员	负责开关计算机	每节课下课
班级灯长	负责开灯、关灯	上下午
语文小组长	负责收发语文作业	每天上午
数学小组长	负责收发数学作业	每天上午
音乐小老师	负责教同学唱歌	课间休息时间
班级窗户管理员	负责开关窗户	上下午
卫生小组长	负责督促值日生扫地和拖地	上午第一节上课前

---

① 王飞,徐继存.三类劳动的划分依据及其育人价值[J].人民教育,2020(08):16.

班级小岗位制要根据学生的能力情况进行安排，教师要督促学生按时完成，必要时要给予支持和鼓励，让全班同学动手动脑，在履行值日工作的同时感受到志愿服务带来的快乐，增强集体荣誉感和归属感，人人成为班级劳动的代言人，在劳动自觉中成为助人小雷锋。

2.学校劳动实施案例

制作贡柑陈皮

一、要知道的安全事项

①手指不要抓住剥橙器尖锐的部位。

②划开贡柑皮时注意安全，不要划到手。

③要注意卫生，剥皮前要清洗工具和果皮。

二、认识制作陈皮的工具，如图7-5所示

　　　　①塑料剥橙器　　　　　　　　　　②簸箕

图7-5　制作陈皮的工具

三、了解做陈皮的方法

将大拇指套入剥橙器的圆孔中，然后将尖端插入贡柑；慢慢移动大拇指至底部，逆（顺）时针方向重复多次，将割痕之间的贡柑皮撕下，至剥下贡柑皮。将剥好的果皮均匀地摊开在簸箕上，放在太阳下晾晒。

四、亲身体验，如图7-6所示

①用剥橙器凸起的尖嘴划开果皮　②用剥橙器尖尖的尾巴顺着划痕
撬开果皮

③将剥好的果皮放在簸箕上　　　④果肉放在碟子中

⑤将果皮均匀摊开在簸箕上　　　⑥把陈皮放在太阳底下晾晒

图7-6　亲身体验陈皮制作过程

（由邱育梅老师提供）

（四）社区劳动

1. 社区劳动的价值和意义

注重学生的思想道德建设，利用社区资源，顺应一年中不同时令、不同时间节点开展社区生态劳技活动，如图7-7所示，全方位渗透。通过"社区体验""社区生活技能大比拼""亲子合作社区实践活动"三大途径来实施操作。采取自评、互评、教师测评和家长测评相结合的方式进行教育测评。

合理发挥学校、家庭、社会三结合的作用，提高学生的社会适应能力，增强学生的社会适应能力，增强学生的劳动能力。围绕个人、家庭、学校、社会等生活领域，引导学生动手、动口、动脑，教师、家长、学生共同参与，把设计和实施社区生态课程作为立德树人的重要抓手。

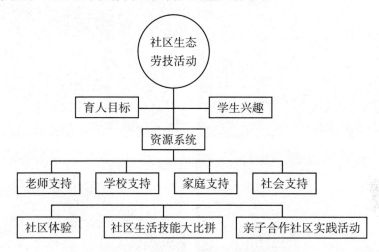

图7-7　社区生态劳技活动流程图

联合社区定期举办活动，为家长们答疑解惑，为家长们送上一份爱心，送上一份温暖。引导家长树立科学育儿观念，同时对特殊需要家长进行家庭教育培训，使他们了解其子女的心理、生理特点以及基本的教育方法。

通过开展主题实践活动，锻炼和培养学生观察问题、分析问题、解决问题的能力，让学生学会生存、学会生活，培养学生自立、自强、自信的良好品质，能够使学生端正学习态度，增强学习热情，全身心地投入劳动教育过程，获得德、智、体、美、劳多方位的思想收获和能力提升。

2. 社区劳动实施案例

到社区竹篙粉培训基地实践教学活动

活动举行意义深远，是广东省特殊教育精品课程建设项目"回归生活 劳技活动"的重要探索，活动的开展有利于学生近距离了解德庆特色的饮食文化，为学校的地方特色课程开发作出指引，更是让学生增长了见识，促进了学生与社会的融合，为日后回归社会打下良好的基础。

活动分为三个阶段进行。在第一阶段的示范教学中，德庆县商贸职业培训学校宾伟平老师详细介绍了德庆竹篙粉的制作流程和工序，如图7-8所示。

图7-8　第一阶段示范教学图

老师亲手示范制作清香扑鼻的竹篙粉酱油、泡米、磨浆、过筛、冲浆、炊粉、晾粉、切粉等工序，在一步步的示范与详细讲解中，师生认真地观摩学习，老师精彩的讲解示范和高超的制作技术让师生们拍手叫绝、大开眼界，使师生们知晓了竹篙粉制作的详细过程。

在第二阶段的实践操作中，师生在竹篙粉培训基地的老师们的指导下进行了实践操作。在老师们手把手的引导下，同学们进行了炊盘消毒、刷花生油、勺米浆、炊竹篙粉、晾竹篙、切竹篙粉等实践操作。看似简单，但十分考验制作技巧，在反复的练习中，一条条晶莹剔透、爽口Q弹、米香浓郁的德庆竹篙粉终于制成了。在实践操作中，竹篙粉培训基地的老师们强调两点：一是在磨浆时最好用山泉水，冲米浆时要加入花生油，反复冲浆6次；二是一定要把热气腾腾的一块块竹篙粉放在一条特大的竹竿上凉一凉，使得竹篙粉充分吸收竹子的清香味。这样做出来的竹篙粉口感会特别好，如图7-9所示。

图7-9　第二阶段示范教学图

在第三阶段品尝德庆竹篙粉环节中，同学们分工合作，把切好的香喷喷的竹篙粉盛在碗里，加上半勺自己调制的竹篙粉酱油，让竹篙粉吸收特制酱油的香味，一碗美味诱人的竹篙粉就制成了。学生们品尝着美味的竹篙粉，在爽朗的笑声中享受着一个幸福又温馨的下午，如图7-10所示。

图7-10　第三阶段示范教学图

第二节　与不同学习形式融合的劳动课程实施

在劳动教育课程中，与不同学习形式融合的劳动课程实施十分重要。本节将阐述手机软件应用于劳动技能教学、工作步骤提示卡对自理劳动技能效果研究、绘本生活化阅读渗透劳动教育、与非遗文化融合的劳动项目探索。

一、手机软件应用于劳动技能教学的劳动项目探索

（一）价值和意义

智力障碍学生的劳动技能教学越来越成为特殊教育教师教学上的热点。劳动技能教学是我国九年一贯制特殊教育学校高年级学习的重点，[①]从现实意义来看，劳动技能教学有利于学生整合已经学习过的各类知识，将其从理论转化为实践，提升动手能力，[②]同时劳动技能教育为学生独立生活奠定坚实的基础，为其以后就业提供了方向。

智力障碍学生智力发展相较于同龄者迟缓，感知觉相对迟钝，记忆力编码和提取能力差，思维单一。可以运用手机软件增强劳动技能教学效果。例如，运用手机菜谱软件，通过视频和文字的形式，让轻度智力障碍学生自主学习做菜，此方法突破时间和人力限制，[③]培养和加强学生的自主学习能力，为其以后学习更多的劳动技能提供帮助。[④]

（二）实施案例

手机软件应用于轻度智力障碍学生劳动技能教学的效果研究

本研究通过对一名高年级轻度智力障碍学生进行辅导，采用单一被试实验设计 A—B—C 进行。通过收集数据以及目视分析结果表明：手机软件劳动

---

① 李红. 利用微课提升培智学校劳动技能教学有效性的探索——以《处理辣椒》一课为例[J]. 中国特殊教育, 2018,（01）：47–49.

② 郭璟. 略谈从生活中培养特殊儿童的劳动技能[J]. 中国校外教育, 2018（7）：34–37.

③ 李红. 特殊"翻转课堂"变革特教劳动技能课堂初探[J]. 绥化学院学报, 2015,（10）：142–144.

④ 朱建勋. 特教学校职业教育新思考[J]. 特殊教育发展研究, 2006（07–08）：09–11.

技能教学法能够提高轻度智力障碍学生劳动技能教学的学习效果，为其以后自主学习劳动技能提供一定的方法和帮助。

1.研究设计

（1）研究对象

根据研究目的，研究者选择一名本校七年级轻度智力障碍的女学生，在劳动技能课堂上，其对做菜有浓厚的兴趣，但其动手能力较差，常需老师和同学的帮助才能完成老师安排给她的任务，这一特点不利于其以后独立生活。

（2）研究工具

①本研究的研究工具为手机软件"香哈菜谱"

研究者在手机商店搜索相关的劳动技能教学软件，并根据个案的身心特点进行筛选，最终确定了"香哈菜谱"这款软件，作为劳动技能教学的干预软件，对个案进行教学干预。

②强化物调查表

本研究采用了凤华教授团队所编的"强化物调查表"收集个案强化物的相关资料，并选出个案感兴趣的强化物以及活动引起个案的动机。

③自编劳动技能情况记录表

本研究采用自编的劳动技能情况记录表，根据个案的情况进行填写。考虑到个案的现有的认知水平、动手能力水平，每次选取1种简单实用的劳动内容进行教学，教学后进行劳动技能评量，记录并计算正确率。

（3）研究过程

基线期（A）：此阶段尚未进行软件教学，主要是收集个案的基线期资料，利用自编劳动技能情况记录表（附录B）对个案进行评量，并把该阶段的资料建立折线图分析，当学生的劳动技能情况出现连续三次的稳定状态后，进入干预期。

干预期（B）：此阶段的任务是利用手机软件"香哈菜谱"，对个案进行每节课35分钟的劳动技能教学，每周两节课。研究者提前选取合适的菜谱，并利用香哈菜谱软件进行教学，对软件里一些难以理解的步骤进行解读，更好地让个案进行学习。当个案的劳动技能的独立情况呈上升趋势并达到连续三个点，稳定在较高水准后，进入维持期。

维持期（C）：撤回手机软件对个案的劳动技能引导，研究者和他人都不进行任何的帮助。在距离干预期结束两周后，在同样的劳动技能课时间里，对个案进行跟踪评量记录，并计算其完成劳动的程度。

（4）资料分析与处理

为了提高个案评量的结果的信度，研究者与协同观察者同时填写劳动技能情况测试表，并随机选择 2 次的基线期（A）、5次的介入期（B）、3次的维持期（C），共计 10 次，作为观察者间信度的取样，并计算观察者间一致性信度。其计算公式为：

$$观察者间信度 = \frac{甲乙观察者一致的次数}{甲乙一致的次数 + 甲乙不一致的次数} \times 100\%$$

观察者间信度计算结果如下表7-2所示，观察者间一致性百分比平均数均为 100%，大于观察者间信度要达到80%的标准，说明本研究的数据是可靠的。

表7-2　观察者一致性分析

阶段	基线期（A）		介入期（B）					维持期（C）		
次数	1	2	1	2	3	4	5	1	2	3
百分比	100%	100%	100%	100%	100%	100%	100%	100%	100%	100%
平均数	100%			100%				100%		

2.研究结果与分析

手机软件劳动技能教学法立即效果和维持效果结果分析如下：

以每节次的劳动技能情况频率作为一个资料点，收集基线期（A）、介入期（B）、维持期（C）所有的资料点，制作成曲线图。该曲线以手机软件劳动技能教学的"观察节次"为横坐标，以劳动技能的独立完成情况为纵坐标。劳动技能评量题目为8题，每节次分工内容都不尽相同，把每节次的独立程度数据连接成折线图。本研究实施期包括基线期（A）、介入期（B）、维持期（C）共有节次26，收集资料点数为26个，根据资料点以曲线图7-11所示。

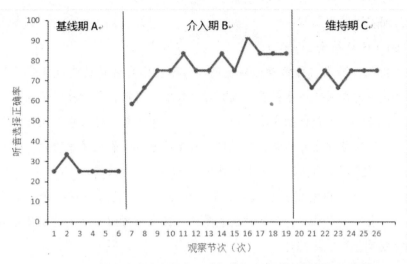

图7-11　手机软件劳动技能教学法对个案劳动技能教学的成效结果图

从图7-11曲线图中可以看出：

在基线期，研究者共对个案进行了6次劳动技能独立性水平测试，测试的结果，分析表现为水准范围处于25%～33.33%区间，阶段内水准变化为0%，趋向稳定。分析表明个案在未接受手机软件劳动技能教学辅导前，劳动技能独立性水平普遍较低，且趋于稳定。

介入期：在介入期，研究者共实施教学辅导共计13节次，收集自编劳动技能独立性水平共13个资料点。从曲线图整体可见，个案在接受手机软件劳动技能教学的辅导后，劳动技能独立性水平整体呈现上升趋势。趋势方向由水平呈上升趋势，趋势稳定性由稳定向不稳定发展，表明了手机软件劳动技能教学法，能够促进个案的劳动技能教学效果，即正向效果。

维持期：在此期间，个案共接受了7次制作食物独立性水平，测试结果显示阶段水准范围为66.66%～75%，平均水准为72.61%，水准变化为0%，水准稳定度为85.71%，趋势方向稳定，表明个案在撤除手机菜谱软件后，劳动技能独立性水平保有量的资料点，仍处于可接受的中等偏上水准。在与介入期的阶段间分析中，阶段间水准变化为-8.33%，平均水准变化为-4.95%，由此可见，虽然维持期相比介入期的教学效果有所下降，但下降幅度较小。另重叠百分比85.71%，说明了个案在撤除手机软件的劳动技能教学辅导后，仍保留手机软件劳动技能教学法的介入效果。

3. 研究结论与建议

（1）研究结论

手机软件劳动技能教学法对提高智力障碍学生劳动技能教学效果具有立即成效。个案在未使用手机软件进行劳动技能学习前，劳动技能的独立性比较低，且保持在一个较低的水准。当介入之后，手机软件劳动技能法取得了明显的成效，不仅呈现上升趋势，且保持在稳定的水准，表明了手机软件劳动技能教学法，对提高智力障碍学生劳动技能教学具有良好效果。

从维持期可以看出，在撤除手机一段时间后，仍可以保持在一个较中上的水准，表明了手机软件劳动技能教学法对提高智力障碍学生劳动技能教学具有维持效果。

（2）研究的不足

由于研究者能力有限，研究的对象只选取了一名个案开展，研究样本数量不足，同时在劳动技能教学的效果评量中，只选取了劳动独立性作为唯一的评量方式，评量方式过于单一，容易导致评量结果与事实相背离。

（由何绍仪老师提供）

二、工作步骤提示卡对自理劳动技能效果研究的劳动项目探索

（一）价值和意义

劳动教育是一个综合性的教学过程，对于特殊学生的成长有着重要的意义，而习得劳动技能对于学生实现日常生活自理自立的目标有着不可估量的作用。基于特殊学生的记忆力发展较弱的学习特性，本研究通过家校结合模式，根据工作分析法原理，探究工作步骤提示卡对中度智力障碍儿童自理劳动技能的巩固效果，为特殊教育学校开展劳动教育提供借鉴与思考。

（二）实施案例

工作步骤提示卡对自理劳动技能效果研究

1. 实施背景

丁志辉认为对智障儿童进行劳动技能教育的最终目标是通过系统而科学

的教学方法，训练指导智障儿童掌握基本的生活劳动技能，使其最终能适应社会生活。①而由于中度智障儿童的记忆力发展水平较弱，对于短时、长时记忆困难，遗忘速度较快的他们而言，一项劳动技能的习得并不容易。如何让中度智障儿童在课堂之外也能有效地执行一项劳动技能呢？在中重度智障儿童劳技教学中，工作分析法作为一个有效的教学方法，受到很多老师的青睐。工作分析法通过将一个复杂的劳动过程分解为一个一个小步骤，让学生从易到难，逐步击破难点，最后实现一个劳动技能的整合，从而让学生较轻松习得某项劳动技能。如何将工作分析法教学渗透到课外学生的独自操作？成效如何？是一线教师值得研究的问题。

2. 智障儿童劳动技能的研究现状

国外有学者加尔金娜·维拉·亚历山德罗芙娜分享通过职业竞赛培养智障儿童的劳动技能，学生越是频繁地进行劳动，行为就越稳定，并逐渐变成习惯。②这有助于学生学会一项劳动技能。在国内一线教学上的丛子伟、巫晓丹提到绘本和动画因颜色明快、画面可爱、角色鲜明、情节生动，表达方式与呈现形式更易于被理解和接受，常通过有趣的故事教会孩子们生活中常用的知识和深刻的道理，很适合用于智力障碍儿童的自立教学。③谭甲美提出家校共享阅读提升中度智力障碍儿童生活自理能力并证实家校共同进行绘本阅读对儿童穿衣技能训练时，孩子对穿衣的知识和技能有了更好的认识和理解。④

关于在培智学校开展劳动技能教育，有不少的研究证实劳动教育对于智力障碍儿童的重要性，但如何让他们在课堂之外，在家庭生活中也能完整地实现一个劳动技能的操作，这方面的研究还较少。根据以上的研究情况，本研究通过家校结合的模式，利用"绘本卡通性"的特性制作工作步骤提示卡，对学生在家庭生活中实现自理劳动技能进行研究，探讨学生通过阅读工作步骤提示卡之下，巩固自理技能的效果。

---

① 丁志辉.智障儿童的劳动技能教育[J].文教资料, 2013(28)：139-140.

② 加尔金娜·维拉·亚历山德罗芙娜,克留科夫·格奥尔基·瓦列里耶维奇.职业技能竞赛：培养智障学生劳动技能的途径[J].现代特殊教育, 2021(22)：53-57.

③ 丛子伟,巫晓丹.试论智力障碍儿童生活能力的培养[J].绥化学院学报, 2020(7)：75-78.

④ 谭甲美.家校共享阅读提升中度智力障碍儿童生活自理能力的行动研究[D].重庆：西南大学, 2022.

3. "家校结合模式"下阅读工作步骤提示卡

家校结合模式是指学校和家庭联合起来进行劳动技能教学的模式，它有助于学生对所学知识的掌握，教师根据本次教学内容重点制作成卡片的形式发给家长，让家长监督学生进行操作，再反馈回学校。这样的模式不仅兼顾了学生记忆力较弱的缺陷，也兼顾了家长与学校教学信息不对等造成学生记忆混乱的情况。

工作步骤提示卡是教师根据所教授的劳动技能分解步骤之后制成的卡片，卡片简单扼要呈现出操作内容，鲜明生动的画风、生活化的内容也更为学生所接受，即使是中度智力障碍儿童，也能对工作步骤提示卡进行阅读后提取到重要信息，实现技能操作。

4. 在阅读工作步骤提示卡下的自理劳动技能下的操作

通过班主任教师筛选出中度智力障碍儿童共8名，分为两组A、B两组，A组采用家校模式下阅读工作步骤提示卡进行自理劳动技能的教学方法，B组仅采用在校授课操作、回家家长从旁督促的方式，一周后对全部学生进行验收检查。

A、B组学生在校接受叠短袖衣物的教学，并在同一老师指导下进行纠正和指导，经过两个课时的课堂授课和两个课时的实践操作之后，让A组学生携带工作步骤提示卡回家练习，与家长沟通好不作过多的干涉与指导。让B组的学生回家练习，并与其家长说明缘由，请家长配合监督，不作指导。

通过一周的实践时间，教师先联系学生家长，向家长询问学生的操作情况。A组学生家长普遍反映学生在一开始回来练习的时候比较少看提示卡也能很快完成叠短袖衣服，后来需要比较常看提示卡来进行每一步的操作，但也能完整地操作下来，后面的时候看提示卡已经能快速记得自己要做什么了，不用我叫他去看提示卡，他也能独立完成叠衣服了，有一位A组学生家长反映学生甚至已经学会了长袖衣物的叠法。B组的学生家长普遍反映一开始的时候能自己完成叠衣服，那时候孩子还挺高兴的，我们也很欣慰，后面慢慢就开始忘记怎么叠了，不会了就乱抓成一团，也发脾气，再后来就全不记得了，摆了衣服在面前也不动不叠。有两位B组学生家长反映孩子有时还勉勉强强会叠，叠得不好看。

收集到家长的反馈之后，老师对学生进行考核。A组学生在工作步骤提示卡下都能顺利完整完成叠衣服的步骤，成功率高达97%。B组学生在无工作提示卡下接受考核时，都比较茫然，在老师简单提示下，有一位学生能完成操作。成功率仅有25%。

5. 工作步骤卡对劳动技能的巩固效果

通过将近为期两周的实验，从两组学生当中可以很明显看到，A组学生在阅读工作步骤提示卡时能抓住卡片表达意思，理解操作要点，并完成操作流程。从家长反馈的学生看工作步骤提示卡的频数来看，工作步骤提示卡弥补了学生记忆力的缺陷，帮助学生更快想起操作流程。B组学生的操作并不理想，操作流畅度由一开始的"还可以"变成"乱抓成一团"，最后变成"不动不叠"。

总的来说，从一开始课堂授课的情况来看，两组学生并无表现出过大的差异，都能完成叠衣服的步骤。在课堂之外，两组学生有无工作步骤提示卡则呈现出较大的差距，有工作步骤提示卡的学生在一周后仍能顺利通过考核，而没有工作步骤提示卡的学生通过率很低，这样的对比说明工作步骤提示卡对学生在家庭生活中自理劳动技能的巩固效果十分明显。

6. 总结与反思

这次简单的实践证明学生在校所学的劳动技能通过家校结合的模式，以工作步骤提示卡为教学手段，能实现学生知识场景的迁移，并巩固已习得的劳动技能，为一线教学中"学生在学校学了，回家不会用"或者"在学校学了，一段时间又不会"的情况提供了解决的方法。

本研究的实验操作环节比较粗糙，有很多不足的地方。希望给后来者提供一个反思，以做出更科学更系统性的研究。

（由张素芬老师提供）

三、绘本生活化阅读渗透劳动教育的劳动项目探索

（一）价值和意义

在绘本生活化阅读中渗透劳动教育可培养特殊儿童的劳动品质，锻炼实践能力，但目前仍存在教师与家长不够重视、渗透方式较为单一、缺乏课后评

价制度的问题，解决上述问题的有效策略为转变观念，开展主题阅读与针对性阅读，建立课后评价制度，举办阅读交流会，实现家校共育。

（二）实施案例

绘本生活化阅读渗透劳动教育

生活化阅读是指读者在阅读时，有意识地联系自身生活中的境遇、经验、感受进行生活再现阅读，教师或家长在陪伴特殊儿童对绘本进行生活化阅读时，很容易发现其时常涉及劳动教育方面的内容，是蜻蜓点水一句话带过，还是深入挖掘其蕴含的劳动教育元素，取决于教师或家长如何去指引，也取决于特殊儿童的阅读兴趣与实践能力。如何在绘本生活化阅读中渗透劳动教育，是值得我们深入探讨的一个问题。

1.在绘本生活化阅读中渗透劳动教育的意义

（1）加强劳动意识，培养劳动品质

绘本生活化阅读可以在潜移默化中影响特殊儿童对世界的认识，包括但不限于语言表达、社会交往、健全人格的形成，多阅读一些蕴含劳动教育元素的绘本，有助于激发他们的劳动兴趣，加强劳动意识，培养良好的劳动品质与劳动习惯。

（2）绘本阅读与生活情境相结合，锻炼实践能力

陶行知先生认为"生活即教育"，绘本阅读中的劳动教育故事往往来源于我们的日常生活，描述了日常劳动情境，是很好的教育素材，结合特殊儿童的生活经验，让他们有熟悉感与认同感，从而更愿意去尝试劳动，使其动手实践能力得到提高。

2.劳动教育渗透现状分析

（1）教师与家长不够重视

教师或家长陪伴特殊儿童对绘本进行生活化阅读时，很多时候只着重孩子的语言训练与情感表达，简单几句话便带过了与劳动教育有关的内容；还有部分家长有要为孩子包办一切的观念，剥夺了孩子跟随着绘本参加劳动实践的机会，这都反映了教师与家长在绘本生活化阅读中不重视劳动教育渗透。

（2）渗透方式较为单一

劳动教育渗透方式较为单一体现在没有深度挖掘绘本中的劳动教育元素，仅带领孩子"有感情地朗读课文"，忽略了孩子的亲身体验，没有让他们联系自身生活中的经验进行生活再现，即使与劳动教育相结合，也仅为图文类教学，没有音频与视频的辅助，孩子们也无法理解绘本上所描述的劳动情境。

3.在绘本生活化阅读中渗透劳动教育的策略

（1）学校方面

①转变观念

学校应加大宣传力度，组织教师积极学习劳动教育文件和劳动教育知识，提升教师对劳动教育的认识，教师要转变教育观念，深度挖掘绘本阅读中的劳动教育元素，让特殊儿童在进行生活化阅读时树立正确的劳动观念，让其体会劳动情感、劳动价值和劳动意义。

②开展主题阅读与针对性阅读

A. 主题阅读

学校可开展劳动主题阅读活动，创设与绘本情节相符的教学情境，让特殊儿童在课堂上进行模拟。如组织学生分角色扮演《安娜的新大衣》，让他们体验安娜拥有新大衣的过程：安娜和妈妈用金表和牧场主人换羊毛、用台灯让纺纱婆婆把羊毛纺成毛线、用项链让织布阿姨把毛线织成布、用瓷茶壶让裁缝爷爷把布做成大衣……虽然学生不能立刻在课堂上学会剪羊毛、纺纱、织布和做衣服的技能，但可以借助道具，让学生在模拟以物换物的过程中体会劳动情感，感受劳动人民的智慧。教师可充分利用道具和多媒体进行教学，激发学生阅读兴趣的同时加强劳动教育渗透。

B. 针对性阅读

除了深挖绘本中的劳动教育元素，教师还可以对这些元素进行深入分析，并组织学生开展针对性的阅读，这是很有必要的。以下列五本绘本为例，其中蕴含的劳动教育元素如表7-3所示。

表7-3　绘本生活化阅读中的劳动教育元素

绘本书目	劳动教育元素
鲁班造伞	鲁班受亭子的启发有了造伞的灵感，随后参考了荷叶的结构，并结合生活实际进行了改进，才有了如今使用方便的伞。他勤于观察，乐于思考，勇于实践，还有着高超的劳动技术，体现了我国古代劳动人民的智慧
当厨师	此绘本讲述了小熊和熊爸爸一起制作美食的故事，它们要做的菜式花样繁多，涉及分工、制作技巧和制作过程，对美食详细的描述让人食指大动，孩子在阅读过程中可以思考：我也能像小熊那样做出这些美食吗？
安的种子	此绘本讲述了三个小和尚种千年莲花的故事，领到种子后，和尚本把种子埋在雪地里，等不到发芽的本愤怒地刨开了地，摔断了锄头；和尚静把种子放在了最温暖的房间里，用最名贵的花土和药水，种子发芽后不久就枯死了；春天来了，和尚安在池塘边种下了种子，最终，莲花盛开了。说明了要尊重大自然的规律，顺其自然，享受等待
奶奶的青团	此绘本以奶奶做的美味青团为开头，引出了清明祭祖的习俗，绿色的春天伴随着清丽的歌声来到了人间，向读者展示了一幅春游踏青图。美食与传统文化相结合，充满了童年回忆与时代印记，体现了朴实的劳动人民对美好生活的向往
团圆	在外面盖房子的爸爸每年只回来一次，那就是过年，此绘本讲述了爸爸回家后发生的一系列故事，如剪头发、挂灯笼、贴春联、汤圆里包好运硬币、拜年、补屋顶、舞龙灯、堆雪人、打雪仗……展现了北方过年景象，充满了浓郁的烟火气。故事的最后，爸爸像无数的外出务工人员一样，离开了家，继续为生活打拼，体现了劳动人民的不易

　　通过分析可知，有的绘本与劳动技术有关，有的绘本与传统习俗的传承有关，教师可根据本班特殊儿童的学习能力适当安排不同内容、不同难度的绘本开展针对性阅读。

　　（2）家长方面

　　①举办阅读交流会

　　在特殊儿童的绘本生活化阅读达到一定的阅读量时，学校可以与家长合作，举办阅读交流会，可鼓励程度较好，且喜爱阅读与思考的学生进行绘本故事分享，也可邀请乐于分享的家长推荐绘本书目，在促进家长之间交流的同时也拓展了教师积累资源的渠道，还可以让教师分享绘本阅读的教学技巧，与家长互通有无，互利共赢。

②布置家庭作业，家校共育

家庭教育是劳动教育渗透的重要一环，家长是孩子的劳动榜样，教师可布置适当的家庭作业，实现家校共育。

A. 亲子阅读

亲子阅读又称亲子共读，以书为媒，以阅读为纽带，让孩子和家长共同阅读，是让孩子爱上阅读的最好的方式之一。开展亲子阅读活动，可以为家长与孩子搭起沟通桥梁，在阅读过程中也方便家长及时为孩子指明绘本中蕴含的劳动教育元素。

B. 参与劳动

家长应多向孩子提供参与劳动的机会，跟随学校的教学进度，安排与之相关的实践活动，并把孩子的劳动实践视频发到班群，让孩子看到大家的评价，进一步感受劳动的乐趣，如读到《团圆》一书，可以让孩子参与包汤圆的过程，既锻炼了劳动技能，体会了劳动情感，又加深了对绘本关键词句的记忆。此外，家长和孩子还可以把日常参与家务劳动的内容自制成绘本，把如此新颖有趣、独一无二的绘本在阅读交流会上分享。

（由陈楚老师提供）

四、与非遗文化融合的劳动项目探索

（一）价值和意义

劳动教育与非遗融合一起，为培智学生提供独特的劳动体验。在劳动教育课堂中融入非遗元素，例如，组织学生制作团扇等手工艺技巧，组织学习非物质文化遗产"竹篙粉"等，与非遗融合的劳动教育教学活动，有利于培养培智学生的实践能力和创造能力，对培智学生进行传统文化教育。提升对非物质文化遗产的认识和尊重，培养爱国情怀，开阔视野。

（二）实施案例

广东省特殊教育精品课程建设项目"回归生活 劳技活动"课程校际研讨活动

本次研讨活动旨在加强学生对于本地非遗食品——竹篙粉的认识，激发他们的家乡情和自豪感。校际研讨活动有效促进特殊教育精品课程的建设与发展，增强校际的交流，为合作学校师生提供了一个交流与学习的平台。

1. 课例展示

活动分为4个流程进行，在本次活动的第一项流程中，何老师为大家带来了一堂生动有趣的课例展示"制作竹篙粉纪念品——DIY扇子"，何老师带领第六小学学生观看竹篙粉视频，让学生了解本地特色食品竹篙粉的起源与制作过程。引导学生们了解其他地区文化特色发展的新形势，引入竹篙粉新发展的阐述，激发学生对本土文化的热爱与传承之情。何老师进行了本次课例展示的重点环节——DIY扇子制作。学生们在何老师的指导下，亲手制作竹篙粉纪念品扇子，体验了劳动的乐趣与成就感，如图7-12所示。

图7-12 课例展示：制作竹篙粉纪念品——DIY扇子

2. 诵读比赛

活动的第二项流程有序展开，各校积极踊跃参与《舌尖上的竹篙粉》诵读比赛。培智学校5名学生带来了《美味的竹篙粉》的深情朗诵，他们用饱满的感情抒发对本地特色竹篙粉的热爱。普小6名学生给我们带来《舌尖上的竹篙粉》和《我爱竹篙粉》的朗诵。另外一间普小的3名学生给我们带来《诵竹篙粉》的朗诵。各校选手用生动的语言和饱满的感情，共同演绎了竹篙粉的美味与深厚的文化底蕴，赢得了现场观众的阵阵掌声，如图7-13所示。

图7-13 舌尖上的竹篙粉诵读比赛

评课交流活动中与会教师们纷纷发言，对课例展示给予高度评价。课堂生动有趣，注重实践与创新，对学生进行劳动精神的传授，充分体现了劳动教育的理念与精神，为提升劳动教育教学质量注入新的动力。

本次活动的成功举办，促进特殊教育精品课程的建设与发展，也加强了普特学校之间的交流与合作，如图7-14所示。通过课例展示、诵读比赛、评课交流等形式，让学生们在实践中学习、在劳动中成长，进一步推动了特殊教育精品课程"回归生活 劳技活动"项目的创新与发展。

图7-14　"回归生活 劳技活动"课程校际研讨活动

（文字由黄颖颖老师提供）

第三节　跨学科跨区域融合的劳动项目实施

跨学科跨区域融合的劳动项目实施，既是未来落实校本"劳动课程实施方案"的必然要求，又是高质量开展劳动课程的一项挑战，更是探索"五育融合"的重要契机。

跨学科跨学段融合的劳动项目实施需要注重项目实施的可能性与科学性。借鉴成功的经验，为学生的生活服务，为学生掌握有用的劳动技能提供帮助。

一、跨学科跨学段融合的劳动项目实施

（一）价值和意义

劳动来源于生活，服务于生活。传承本土传统文化，深挖乡土教育资源，结合当地的特色产业、为家乡发展助力，锻炼学生的各项劳动技能。跨学科跨学段融合的劳动项目探索，既加强了特殊教育与普校教育的深度融合，教育不分普特，学习不分普特，也让老师们对培养学生的劳动技能有了进一步的认识，明确了今后的方向。

（二）实施案例

广东省特殊教育精品课程建设项目"回归生活 劳技活动"走进普校研讨活动

金秋十月，贡柑飘香。为全面贯彻党的教育方针，落实立德树人根本任务，坚持"五育"并举，全面发展素质教育，积极开展劳动教育，培养学生良好的生活习惯，提高学生的自理能力，广东省特殊教育精品课程建设项目"回归生活 劳技活动"课程走进普校研讨活动，共分三个环节进行：课例展示、专题讲座、研讨交流。

1.课堂展风采

严老师给随班就读学校六年级学生上"我会水果打包"一课，课程结合我县种植的特色农业水果——皇帝柑这一服务产业而制定。水果打包这一手工技巧，在每年贡柑销售旺季，会变得特别常见。几乎每家每户都喜欢把一部分贡柑售卖出去，一部分贡柑寄给亲朋好友，学生学会这一技巧，有利于他们帮家里减少劳动量，增加家庭收入。严老师让学生直观认识打包水果的工具，再教会学生使用工具的方法，接着让学生实践操作，最后升华学生的思想，鼓励学生努力学习，为自己的家乡建设增光添彩，如图7-15所示。学生兴致勃勃，动脑动手，在轻松愉快的氛围中感受劳动的乐趣，体验劳动的价值，激发热爱劳动的情感，让学生在劳逸结合中获得更加健康全面的发展。

图7-15 课例展示：我会打包水果

冯老师在随班就读学校六年级上"认识中华名果——分柑同味，与德同行"，如图7-16所示。德庆贡柑远近闻名，因此，本次课程就地取材，冯老师通过"理论与实践相结合、知识学习与思想教育相融合"的理念设计教学，通过观看视频、小组知识抢答等形式让学生了解德庆贡柑，分享、品尝家乡名果，让普通孩子与特殊孩子一起学习劳动知识，珍惜劳动成果，让"普特"学生学会团结协作、学会分享、学会感恩，增强家乡、民族自豪感，发展学生的核心素养。学生津津有味地品尝贡柑，脸上洋溢着幸福的笑容，心中憧憬美好的未来，誓要为建设自己的家乡贡献一份力量。

图7-16　课例展示：认识中华名果

2.讲座明目标

莫老师作"中小学劳动教育地方课程开发与实践研究——以广东省特殊教育精品课程建设'回归生活劳技活动'为例"专题讲座。莫老师简单明了地从课程介绍、课程实施以及存在不足三方面为我们解读了这个广东省特殊教育精品课程建设"回归生活劳技活动"项目，为我们正确指引了现代中小学劳动教育课程开发的方向，为我们培养学生的劳动技能以及学生的劳动素养有例可循，让老师们受益匪浅。

二、跨区域融合的劳动项目探索

（一）价值和意义

跨区域融合的劳动项目探索能够在更大程度上实现资源共享，较好地分享区域劳动教育经验和资源，助推区域劳动教育快速发展。让学生有机会了解不同区域和地区的劳动实践和传统文化，近距离感受区域的劳动文化和地域风情。除此之外还可以利用网络技术支持开展跨区域劳动教育教学活动。通过腾讯会议、在线课程等形式与其他区域学校的师生进行交流，分享劳动成果和经验。

（二）实施案例

跨县共研谋发展 凝心聚力促成效
——跨县区融合开展劳动教育交流研讨活动

第一站县级特校交流研讨：

1. 参观校园

感受优美的教学环境、良好的学习氛围和温暖的校园文化。

2. 公开课示范

公开课1："制作国旗"：聆听七年级绘画与手工"制作国旗"公开课。黎老师以图片导入，逐步引导学生认识国旗、制作国旗的步骤、学生的训练活动、学生动手操作等让学生剪、摆、贴，培养了学生的动手操作能力，整节课教法学法多样化，体现了多学科融合，如图7-17所示。

公开课2："我会准备调料"：准备调料是烹饪的重要环节。白老师展示了六年级劳技"我会准备调料"公开课。白老师利用直观教学法、让学生去区分咸味调料、甜味调料、辣味调料等，通过超市买调料的情景模拟，让学生身临其境地学习准备调料，课堂练习中针对不同层次的学生布置了不同的作业单，让每个学生在课堂中都有了参与度和收获，体现了分层教学理念，图7-18所示。

图7-17 课例展示：制作国旗

图7-18　课例展示：我会准备调料

3.专题讲座

讲座1："生活教育视域下特校劳技精品课程建设引领青年教师专业成长"。

刘老师的讲座"生活教育视域下特校劳技精品课程建设引领青年教师专业成长"从介绍精品课程、青年教师教学能力培养的重要性、青年教师在课程建设中的作用、对青年教师成长和专业发展的促进作用四个方面进行了深入浅出的讲述。以教学活动图片、主题活动精彩瞬间及视频、微课案例等向我们展示了内容为"一果兴一乡""一粉旺一城"的特色精品课程建设。青年教师作为特校师资队伍一个重要的组成部分，是学校的重要力量，他们的能力和实力直接影响到整个学校的教育水平，加强特校青年教师培养教育是特校师资队伍建设的重中之重。

刘老师提出精品课程具有多层次、多样化、多特色的教学体系和特点。要求主讲老师治学严谨，师德高尚；教学能力和水平高，执教能力强，教学效果好；有能力参与教育教学研究和改革，适应教学需要。教师专业发展是教师不断解决问题的过程，建设的整个过程为青年教师提供了广阔的舞台和有效载体，能从多个层面促进青年教师教学水平和专业发展。

讲座2："躬耕教育 潜心育人——浅谈班主任工作中践行以人为本的教育

理念"。

何老师深耕教育三十多年，用温柔的语调向我们娓娓道来她的教育理念。讲座从育人、践行、故事三个方面展开。

在育人方面何老师介绍了她所工作的地方坚持以习近平新时代中国特色社会主义思想为指导，全面贯彻党的教育方针，坚持社会主义办学方向，坚持以人为本，立德树人。遵循学生成长规律和教育规律，紧紧围绕以"阳光教育浸润人生"的办学理念。在践行中，何老师本着用心管的原则，精细化班级各项事务，包括学习、纪律、卫生等各方面，每一项都有专人负责，基本做到：人人有事做，事事有人做，让学生形成了良好的学习习惯。通过分享《我与"差生"的故事》和《用爱静待花开》的教育故事让我们感受到了何老师对学生无私的爱和"让花成花，让树成树"的教育理念。

4. 办学经验介绍

周校长从校园文化主题建设、一训三风、学校现状分析和新学校构建一站式优质教育新体系四个方面分享了办学经验，也从墙面、门厅、走廊、楼梯的细节体现了校园处处都有爱，营造了温馨、舒适的教学环境，展现了新校区、新活力。

5. 交流研讨

"天下特校一家亲"，老师们在精品课程建设中的成长和不断壮大的特殊教育队伍而感动；被每位教师在此次活动中的付出深深感动，让每个人都收获满满。

第二站县级特校交流研讨：

1. 公开课示范

公开课1："我会榨果汁"

陈老师展示了富有生活味、可操作性强的劳技课"我会榨果汁"。陈老师通过让学生用开果器剥果皮、取果肉、榨果汁等实践活动，尝试柑橘类水果新吃法，提升了他们观察模仿、动手操作的能力，使其体验劳动的乐趣。同时陈老师根据学生认知水平、接受能力的不同，对教学目标、对学生的评价进行分层，使每个层次的学生都能获得成功的体验，通过播放微课、展示实物和示范教学等方法，帮助学生更直观地认识贡柑并掌握榨果汁的技能，如图7-19所示。

图7-19 课例展示：我会榨果汁

2.专题讲座

讲座1："生活教育视域下培智学校劳动教育课程的设计与实施"莫老师从课程总体目标、设计理念及内容、课程实施、思考与建议四个方面带领我们明晰了课程的设计与实施。

莫老师从课程设计思路、课程总目标、课程定位展开，并以劳动校本课程和"回归生活 劳技活动"精品课程为例，展示了劳动教育校本课程的设计理念及内容，如"适性发展 潜能教育"理念、"马克思主义劳动观""差异教学"等，课程内容框架、课程资源设计构想、课程评价等方面形象生动地为我们展示了课程设计和实施的过程及将课程落到实处的方法。

莫老师提出课程建设理论层面要以学生发展为中心，坚持以标施教，体现人文性、综合性、开放性和实践性。操作层面要科学选择教学内容、重视思想品德教育、引导儿童自主探究。建议教育要与康复相结合、劳动技能课堂教学要渗透个别化支持和课程评价机制。

讲座2："用心浇灌 静待花开——谈特殊学生转化的思与行"。

覃老师的讲座以普通小学的特殊学生转化为视角，从特殊学生形成的原因、特殊学生转化的策略、所给的启示三个方面展开，为我们分析了普通学校特殊学生主要体现在性格孤僻、行为散漫、心里叛逆和学习落后。

面对这些特殊学生，覃老师将爱渗透进了教学中，提出了情感熏陶、建好关系、尊重人格、理解学生、鼓励为主、发现亮点、加强管理，提高实效、家校合作，教育同步的转化策略。

怀揣着爱，用心浇灌，静待花开！最后，覃老师分享了小黎的转化事例，在演讲中老师不禁潸然泪下，也让听课的老师深受感动。覃老师开学就发现了一年级的小黎存在一系列的问题行为，发现引导小黎的行为并没有作用，随后覃老师对小黎进行了家访，了解到小黎妈妈在他三岁就去世了，父亲整日奔波赚钱，缺少家庭关爱，覃老师心疼地为小黎扎头发、煎鸡蛋、在学校也给予了小黎充分的关注和爱护等，小黎的问题行为得到明显改善，小黎这朵花灿烂地绽放了。

3.经验交流研讨

跨县区学习，能直观使教师感受到兄弟学校的校园文化建设、教学环境布置、教师团队的教育教学水平。在交流和研讨中，相互取长补短，为老师们提供了一个开阔的学习平台，对精品课程项目的建设和实施也提供了新路径与方向。

（文字由田堰慧老师提供）

第八章　培智学校劳动教育课程的评价

　　培智学校劳动教育课程评价的内容主要包括劳动态度、劳动创新与实践能力、劳动知识的获取与掌握、劳动素质综合评价四大方面。培智学生参与劳动实践的态度，比如培智学生是否充分准备好劳动所需的工具，是否在劳动过程中积极主动，遇到困难是否积极应对，劳动过程中是否愿意与别人合作等。培智学生的劳动创新与实践能力，从发现问题到分析问题再到解决问题中表现出来的创新与实践能力。培智学生对学习方法的掌握情况。比如简单的实地观察、劳动工具的操作与使用，理解能力，与别人沟通、协调等方面的能力。

第一节　促进学生劳动综合素养的评价

　　《培智学校义务教育课程标准（2016年版）》（以下简称新课标）中指出，新课标对培智学校的教育评价提出了具体要求，指出评价是为了促进学生全面发展，因此评价要尊重学生个体差异，坚持生活导向，充分发挥评价的多种功能。教、学、评一体化，劳动教育课程实施过程中让它们融合在一起，贯穿到活动的始终，可以将学生在活动过程中的表现作为评价培智学生的依据，如表8-1所示。如上级领导、教育督导、教师、学生、同伴、家长等，由于学生本身的各方面能力受限，在反思性评价当中要注重引导培智学生，增强培智学生辨别对错的能力。评价内容要真实，来源于生活，又为培智学生的生活服务。评价内容要注重学生遇到的问题是什么，培智学生通过什么方法解决这个问题的，在这个过程中培智学生学到了什么，因此在教学过程中要引导学生在真实的劳动情境中体验劳动的快乐，获得自我增值。

学生劳动综合素养的评价能够促进学生劳动素养综合提升，实现立德树人。在促进学生劳动综合素养时可以采用多元评价，目的是助推学生发展，可设计问卷对家长进行问卷调查。评价过程与方法一般是通过真实情境下的主题实践活动、家长提交的学生劳动作业等有侧重点地选择多种评价方式作为过程性评价，如表8-2所示。评价的主体可以是教师和家长，也可以是学生本人。例如，学校劳动志愿者可以记录学生当天的劳动的情况，劳动教育教师使用学生劳动记录表立即对学生的劳动进行描述性评语总结。还可以利用学校广播室在中午的时候宣传劳动积极、成绩突出的同学的劳动先进事迹，反馈前一日的校园服务情况，以榜样为引领，明确学生的劳动任务，让学生以校园劳动志愿者为荣。另外，还可以利用学生、教师评价，校内安排校园小卫士抽测评比，分数将纳入少先队志愿服务活动考评，优异班级和个人可以入选学校志愿服务者队伍。

评价的目的在于改进当前的教学方法，形成有效教学策略，激发学生的学习兴趣。由学生、家长、老师进行对学生的评价，如表8-3所示，内容涵盖培智学生劳动素养的培养、劳动习惯的形成、劳动技能的熟练程度及安全性等。

以精品课程"回归生活 劳技活动"一果兴一乡主题教育活动为例

表8-1　学生摘果项目评价范例

评价项目	学生自己评价				家长评价			
能否独自准备摘果工具	★★★★	★★★	★★	★	★★★★	★★★	★★	★
是否清楚摘果步骤	★★★★	★★★	★★	★	★★★★	★★★	★★	★
摘果动作是否熟练	★★★★	★★★	★★	★	★★★★	★★★	★★	★
摘果过程是否顺利、安全	★★★★	★★★	★★	★	★★★★	★★★	★★	★

根据学生完成的效果进行星级评价，四颗星为优秀，三颗星为良好，两颗星为合格，一颗星为还需努力。

表8-2 教师对学生摘果过程的表现进行评价范例

评价项目	学生自己评价				家长评价			
能否独自准备摘果工具	★★★★	★★★	★★	★	★★★★	★★★	★★	★
是否清楚摘果步骤	★★★★	★★★	★★	★	★★★★	★★★	★★	★
摘果动作是否熟练	★★★★	★★★	★★	★	★★★★	★★★	★★	★
摘果过程是否顺利、安全	★★★★	★★★	★★	★	★★★★	★★★	★★	★

根据学生完成的效果进行星级评价，四颗星为优秀，三颗星为良好，两颗星为合格，一颗星为还需努力。

表8-3 某学校某年级劳动清单评价表范例

班级：　　　　　　　　　　　姓名：

劳动项目		劳动打卡							劳动评价		
		周一	周二	周三	周四	周五	周六	周日	自评	家长/组长评	班主任评
第一周	每日打卡										
	每周打卡										

我的劳动作品
家长评价

第二节 教师专业发展的评价

促进教师专业发展的评价主要聚焦教师职业道德和专业能力两个维度。评价教师职业道德主要从四个方面来评价。第一思想政治表现好，遵守中小学教师道德规范，树立正确的教育观念。第二遵纪守法，依法施教，无违纪犯罪行为。第三履行岗位职责，关爱学生，无体罚学生现象。第四做到团结协作，教师之间和谐相处。

评价教师专业能力主要从四个方面来评价。

第一，可以查看教学设计是否符合劳动教育课程要求和培智学生个别化需求，以及教师在教学过程中的落实情况。

第二，考查教师的劳动学科知识水平和劳动教育教学技能，如是否灵活运用多种教学方法等，通过课堂教学评价来检验劳动教育教师的课堂教学水平，如表8-4所示。比如可以采用定期评价的方式，以教师教学理念与教学实践反思为主，结合日常的教学资料检查、听评课的落实、课程资源的整理、每学期的家长满意度调查等进行评价。

第三，考查教师的专业知识与教学水平，可以考查教师的教学对学生学习成果的促进程度，如学生的学习成果、学生的劳动综合素养发展情况等。

第四，考查教师的专业发展与教学反思，教师是否经常进行自我反思和拥有持续学习的能力，例如，劳动教育方面的知识培训、学习交流活动等。可采用定期评价的方式，以教师教学理念与教学实践反思为主，结合日常的教学资料检查、听评课的落实、课程资源的整理、每学期的家长满意度调查等进行评价。评价的主体可以是教师本人、同事、家长、校长。

表8-4　劳动教育教师课堂教学评价表范例

课题：＿＿＿＿＿＿＿＿＿＿＿＿＿＿

评价项目	评价等级				备注
	优秀	良好	一般	欠佳	
（一）课前准备					
1.事先拟定好详细教案					
2.教材、教具、课后作业准备妥当					
（二）过程与方法					
1.巧妙导入或温习已有的劳动知识技能					
2.劳动教育教具的运用					
3.根据学生特点采取合适的教学策略					
4.符合儿童的学习程度					
5.引起儿童的学习兴趣和注意					
6.能随机应变加强兴趣和提高学习效果					

7.兼顾个别儿童差异					
8.结束前，简略总结所授的知识与技能					
9.简要地考核学生所学知识与技能					
（三）一般教学技巧					
1.声音高低强弱及面部表情自然配合讲解					
2.有效地管理班级常规秩序					
3.适当地处理个别儿童行为问题					
4.适当地运用奖励增强法					
5.充分而适当的示范					
6.培养学生动手能力和实践能力					
对你有借鉴的：		希望授课者注意或改进的：			

时间：_____ 班级：_____ 授课者：_____ 听课者：_____

为了促进教师专业发展，在开展劳动教育过程中学校应提供以下保障：

①场地保障：学校要保证要有足够的劳动场所，包括校内的和校外的。

②课时保障：定岗定人定课程，两周一次，劳动课实施纳入规章制度，要有劳动课设置，严禁占用劳动课。

③教师队伍建设：要注重劳动教师队伍建设，纳入成长考核。

④搭建平台：增设劳动体验岗，班级轮流，校园劳动服务，专人巡视校园卫生，教师填实践活动评价表。

培智学校劳动教育课程教师评价方式可以多样化，但不管何种方式，教师应正确引导培智学生通过与他人的对话，加深对自己劳动水平的认识。比如在某一项活动结束后，师生、生生之间进行协商讨论，对培智学生参与某项劳动教育活动的表现作出中肯评价。教师要指导培智学生以积极的态度学习劳动技能，让培智学生在反思中进步，在反思中成长。

第三节　课程质量提升的评价

促进本课程质量提升的评价内容可以从课程方案的评价、课程实施过程的评价、课程效果的评价等几方面来进行。

评价过程贯穿学期始终，可运用现场观察、访谈、问卷等方法，评价团队对获得的评价信息进行综合评价。评价的主体由家长代表、教师代表、教育局教学管理人员、专家、教育督学等组成。

劳动评价方式可以设定劳动周、形式多样的教学活动、劳动成果展示、劳动小能手评比、劳动小标兵评比等，其目的是提升培智学生的劳动技能，锻炼培智学生意志力。在劳动教育综合评定中获得优秀等次多的学生在期末评优评先中优先考虑为"劳动小能手"、红领巾奖章"劳动章"候选人。

劳动教育形式可以是亲子合作实践活动、生活技能、快乐厨房、社会综合实践，其中社会综合实践农耕体验、木工制作、自行车修理、传统剪纸、快乐烹饪等，活动内容建议倾向生活化、实操化、跨学科融合。

培智学校劳动教育课程应发挥其育人功能，课程的目标、内容、活动方式与其他学科有着不同之处，因此，它的评价也有其特殊性。评价内容应侧重于劳动精神培养、劳动习惯养成、劳动技能的熟练程度、劳动过程安全性。

在课程中应设计有效的反馈和评估，可以是学生的单元测评表、劳动实践记录卡、劳动作业单、学生劳动教育成长袋等。

例如，单元测评表设计包含测评内容及课时内容、测评阶段包含前测、后测，自我评价、家长评价、学生活动展示评比（优、良、合格）、教师评价、本单元描述性评价，如表8-5所示。

表8–5 "回归生活 劳技活动"培智七年级第一学期"一果兴一乡"第五单元测评表

测评对象：

测评内容	阶段	时间	自我评价	家长评价	学生参与活动展示评比（优、良、合格）	教师评价	本单元描述性评价
我会制作贡柑果汁	前测						
	后测						
我会制作贡柑果汁	前测						
	后测						
我会制作柑枝玉叶	前测						
	后测						
新农人精神我来传	前测						
	后测						
本学期描述性评价							

＊测评形式：自我评价、家长评价、展示评比、教师评价。

＊阶段测评：一个月进行测评一次。

＊定量测评：对学生进行本单元知识的测评，分为前测和后测，评价主体在对应的框里对学生的表现和掌握情况进行真实的评价，分为"优秀 良好 合格 还需努力"，分别用"★★★★、★★★、★★、★"表示。

＊定性测评：在一个单元学习结束后测评主体要对被测评对象进行评价。

＊总结测评：在一个学期学习结束后测评主体要对被测评对象进行评价。

参考文献

[1]张智. 深刻把握劳动精神的科学内涵和时代价值[N]. 中国青年报, 2021–09–23(3).

[2]中华人民共和国教育部. 大中小学劳动教育指导纲要（试行）[EB/OL]. (2020–07–09)[2023–04–18]. http://www. moe. gov. cn/srcsite/A26/jcj_kcjcgh/202007/t20200715_472808. html.

[3]艾兴, 李佳. 新中国中小学劳动教育课程设置: 演变、特征与趋势[J]. 教育科学研究, 2020(1): 18–24.

[4]俞林亚. 加强新时代劳动教育, 积极构建培智学校劳动育人新体系[J]. 现代特殊教育, 2022 (4): 56–58.

[5]余文森, 殷世东. 新时代中小学劳动教育的内涵、类型与实施策略[J]. 全球教育展望, 2020 (10): 92–101.

[6]张智. 深刻把握劳动精神的科学内涵和时代价值[N]. 中国青年报, 2021–09–23(3).

[7]孙云晓. 养成劳动习惯为美好生活奠基 [N]. 光明日报, 2020–03–27(11).

[8]徐长发. 新时代劳动教育再发展的逻辑[J]. 教育研究, 2018(11): 12–17.

[9]李金滢. 我国小学劳动教育课程研究综述[J]. 智力, 2020(19): 153–154.

[10]宁本涛, 孙会平, 吴海萍. 我国中小学劳动教育的认知差异及协同对策——基于六省市的实证分析[J]. 教育科学, 2020(5): 11–18.

[11]张志勇, 杨玉春. 深刻认识新时代劳动教育的新思想与新论断[J]. 中国教育学刊, 2020(4): 1–4+61.

[12]龚春燕, 魏文锋, 程艳霞. 劳动素养: 新时代人才必备素养[J]. 中小学管理, 2020(4): 9–11.

［13］中共中央　国务院关于全面加强新时代大中小学劳动教育的意见［EB/OL］.
（2020−03−26）［2023−10−20］. https：//www.gov.cn/zhenga/2020-03/26/
comtent_5495977.htm.

［14］余文森，殷世东. 新时代中小学劳动教育的内涵、类型与实施策略［J］. 全球
教育展望，（2020）10：92−101.

［15］教育部. 大中小学劳动教育指导纲要（试行）［EB/OL］. （2020−07−07）［2020−
01−18］. http：//www.gov.cn/zhengce/zhengceku/2020−07/15/cintent_5526949.htm.

［16］钟启泉，李雁冰. 课程设计基础［M］. 济南：山东教育出版社，1998.

［17］戴君. 中小学劳动周建设的价值分析与推进策略［J］. 中小学德育，2022
（10）：68.

［18］陆玲玲. 道德与法治劳动教育主题课外实践探略［J］. 中小学德育，2022
（7）：37.

［19］王飞，徐继存. 三类劳动的划分依据及其育人价值［J］. 人民教育，2020
（08）：16.

［20］李红. 利用微课提升培智学校劳动技能教学有效性的探索——以《处理辣
椒》一课为例［J］. 中国特殊教育，2018（01）：47−49.

［21］郭璟. 略谈从生活中培养特殊儿童的劳动技能［J］. 中国校外教育，2018
（7）：34−37.

［22］李红. 特殊"翻转课堂"变革特教劳动技能课堂初探［J］. 绥化学院学报，
2015（10）：142−144.

［23］朱建勋. 特教学校职业教育新思考［J］. 特殊教育发展研究，2006（07−08）：09−11.

［24］丁志辉. 智障儿童的劳动技能教育［J］. 文教资料，2013（28）：139−140.

［25］加尔金娜·维拉·亚历山德罗芙娜，克留科夫·格奥尔基·瓦列里耶维奇.
职业技能竞赛：培养智障学生劳动技能的途径［J］. 现代特殊教育，2021
（22）：53−57.

［26］丛子伟，巫晓丹. 试论智力障碍儿童生活能力的培养［J］. 绥化学院学报，
2020（07）：75−78.

［27］谭甲美. 家校共享阅读提升中度智力障碍儿童生活自理能力的行动研究［D］.
重庆：西南大学，2022.